英华学者文库

语苑研思

—— 严辰松学术论文自选集

严辰松 著

Reflections on Language:

Selected Essays of Yan Chensong

高等教育出版社·北京

内容简介

本书精选严辰松教授的13篇论文，分为三类：一是推介功能–类型语言学和认知语言学的一些重要理念，二是从功能和认知视角对比分析英语和汉语，三是对汉语的一些结构及独特性发表了自己的观察和认识。

作者认为，功能–类型语言学和认知语言学同属于"基于用法的理论模型"。20世纪末至今，中国学者运用功能语言学和认知语言学理论和方法，结合本土的语文学传统，大幅度提升了汉语的研究水平，也极大地推动了英汉语对比研究。作者指出，研究汉语词汇和语法，少不了对"字"的探究。"字"所造成的词汇和语法现象，用西方语言学理论分析时总是捉襟见肘。"字"是汉语最小的意义单位，同时也是最基本的结构单位，这是不可否认的事实。汉语作为分析性语言的类型学特征至今仍未得到深入的探讨。

总　序

　　27年前，在吕叔湘、柳无忌等前贤的关心和支持下，中国英汉语比较研究会获得民政部和教育部批准成立。经过几代人的不懈努力，如今，研究会规模不断扩大，旗下二级机构已达29家，其发展有生机勃勃之态势。研究会始终保持初心，秉持优良传统，不断创造和发展优良的研究会文化。这个研究会文化的基本内涵是：

　　崇尚与鼓励科学创新、刻苦钻研、严谨治学、实事求是、谦虚谨慎、相互切磋、取长补短，杜绝与反对急功近利、浮躁草率、粗制滥造、弄虚作假、骄傲自大、沽名钓誉、拉帮结派。

　　放眼当今外语界，学术生态受到严重污染。唯数量、唯"名刊"、唯项目，这些犹如一座座大山，压得中青年学者透不过气来。学术有山头，却缺少学派，这是一个不争的事实。在学术研究方面，理论创新不够，研究方法阙如，写作风气不正，作品细读不够，急功近利靡然成风，这一切导致草率之文、学术垃圾比比皆是，触目惊心，严重影响和危害了中国的学术生态环境，成为阻挡中国学术走向世界的障碍。如何在中国外语界、对外汉语教学界树立一面旗帜，倡导一种优良的风气，从而引导中青年学者认真探索、严谨治学，这些想法促成了我们出版"英华学者文库"。

"英华学者文库"的作者是一群虔诚的"麦田里的守望者"。他们在自己的领域里，几十年默默耕耘，淡泊处世，不计名利，为的是追求真知，寻得内心的澄明。文库的每本文集都收入作者以往发表过的10余篇文章，凝聚了学者一生之学术精华。为了便于阅读，每本文集都会分为几个相对独立的部分，每个部分都附有导言，以方便读者追寻作者的学术足迹，了解作者的心路历程。

我们希望所有收入的文章既有理论建构，又有透彻的分析；史料与语料并重，让文本充满思想的光芒，让读者感受语言文化的厚重。

我们整理出版"英华学者文库"的宗旨是：提升学术，铸造精品，以学彰德，以德惠学。我们希望文库能在时下一阵阵喧嚣与躁动中，注入学术的淡定和自信。"随风潜入夜，润物细无声"，我们的欣慰莫过于此。

我们衷心感谢高等教育出版社为本文库所做的努力。前10本即将付梓，后20本也将陆续推出。谨以此文库献礼中国共产党建党100周年！

中国英汉语比较研究会会长　罗选民

2021年1月5日

自　序

　　1965年，我开始读中学。初一快读完时，"文化大革命"开始了。当时所有人都被裹挟参与了一场史无前例的大运动。从那时起到初中毕业的1969年初，我和同学、老师们看大字报，写大字报，参加批判大会，搞文艺宣传，参加一系列与学习知识无关的活动。学校大部分时间处于停课状态，不参加活动时，我只能在家看看小说，自学数学、物理等教材。

　　初中毕业，以为从此再也与学校无缘。然而1969年暑假，初中的老师和校领导来到我家，动员父母让我返校就读高中。这时才知道，我读初中的姚桥中学从那年起开始设立高中部了。于是在家务农半年后我又重返学堂。那时中央已通知各级学校"复课闹革命"，我们中学也开始上文化课了。记得当年使用的理科教材分别是《工业基础知识》和《农业基础知识》，英语学的是毛主席语录的英译文。"文化大革命"还未结束，课堂上学到的东西不多，但办黑板报、写批判文章等锻炼了我的文字能力。记得当时写过一些双簧之类的脚本，供师生演出使用，有高中同学至今提起时还津津乐道。

　　1971年年底高中毕业。没有想到的是，寒假以后我竟摇身一变以老师的身份重返母校担任初中部教师。我的学习成绩给老师们留下了印象，他们觉得我务农实在可惜，所以建议校长聘我返校教书。我教的是初中英语，用自己不多的知识去教学生，真是误人子弟啊！我借来学校的留声机和国际音标唱片，纠正自己的发音，并收听上海人民广播电台业余英语广播讲座，以此提高自己的英语水平。

在母校当了两年半民办教师以后，我于1974年9月作为工农兵学员被招入当时的"解放军第一外国语学校"学习英语专业。学校不久更名为"解放军工程技术学院"，后又改名为"解放军外国语学院"。因地处洛阳，后来一直被学界叫作"洛外"。当时政治学习抓得紧，学员还要承担运砖、被覆坑道（给已挖好的地下坑道垒砌内壁）等劳动任务，但学院从管理干部到教员，都很重视学员的专业学习。学院西语专业聚集了一批20世纪60年代从地方招聘的英语专家，包括朱启平、林同奇、张培基、许渊冲、索天章、戴汉笠、冯翠华、关迪夫、余玛丽等。他们大多从英美大学毕业或在那儿任过教，其中还有大报记者、经济学博士等。教我们这些英语基础很差的学员真是"高射炮打蚊子"——大材小用。

洛外的英语教学历来严谨、扎实，十分重视学员的基本功。记得每节语法课都会布置大量练习，是用机械打字机打字后用油墨印刷的那种，黄黄的纸张，密密麻麻的有各种填空、改写、造句、翻译等题型。我终于有机会夯实了原本薄弱的基础。

入学两年多以后，我被选调到英语师资班学习。索天章、孙致礼、韩振荣是我们的精读和泛读课教员，胡斐佩是语音课教员，关迪夫、余玛丽则给我们上听力和口语课。严格的训练一直持续到1979年6月，师资班比普通班多学了差不多两年时间。我们被授予本科学历，而普通班学员则是大专学历。

1979年，中山大学（中大）外语系"文化大革命"后首次招收英语硕士研究生。多亏在洛外打下的基础，我有幸考入。同班10位同学中有"文化大革命"前的大学毕业生区鉷、王宾、黄家佑、郭迪清，有77级和78级的本科生蔡宗齐、邹启明、陈思明、杨民生，有武汉钢铁公司翻译刘月玲，她是唯一的女生。顺便提一下，蔡宗齐目前是美国伊利诺伊大学中国文学及比较文学教授，成就卓著，被誉为"汉学家"。

研究生班的教授都是当时国内著名的学者。给我们上文学选读课的戴镏龄教授解放初就已是二级教授，谢文通教授人称"英文通"，谙熟19世纪英国文学，对《名利场》《双城记》等名著的细节如数家珍。周光耀教授当时已经70多岁高龄，给我们改作文，那叫一个细致！王宗炎教授给我们上散文选读，用的是美国大学的教材。那些散文篇篇精彩，后面的思考题往往发人深省。

在中大读研期间，最大的收获是阅读和写作能力的提高。后来我常常跟我的学生说，一个英语专业学生如能毫不费力读懂萨克雷的《名利场》、狄更斯的《双城记》等19世纪英文名著，他的英语阅读能力就算过关了。

在写硕士论文阶段，我们分到了各个教授的名下。我的指导老师是王宗炎教授。在王先生的指导下，我精读了一些英汉语语法著作，初涉一些西方语言学理论。硕士论文写的是 *A Contrastive Study of Place Expressions in English and Chinese*（《英汉方所表达对比研究》），得到老师和同学们的好评。中大读研的经历奠定了我做语言学研究的基础。

1982年硕士研究生毕业后，我回到洛外当了教员，与我原来的老师胡斐佩、余玛丽等成了同事。学院派我和其他几位老师去刚刚创办的洛阳大学，帮助他们培养英语专业的学生。我负责精读课教学，讲义和试卷都精心准备和设计，留存至今。洛外和中大所学派上了用场。我们一共带出了两届大专毕业生。

1988年，王宗炎先生招收博士研究生，我有幸成为他的第一个弟子。于是工作6年后，我又回到中山大学攻读博士学位。在先生的悉心指导下，我系统地读了不少语言学理论著作，一共撰写和发表了5篇文章。先生做学问、写东西一丝不苟的精神也感染了我。先生教导我说，写了文章一定要朗读几遍，这样才能发现语气不顺的地方。《现代外语》发表我的《乔姆斯基理论的目的、方法及语言能力先天论——读书问答》一文，事先王先生曾请桂诗春教授审阅。记得桂先生评价中有一句话的大意是，汉语表达"深得老师真传"（桂先生称王先生为"老师"）。我知道后深感欣慰。

当年全国外语界有"北许南王"之说，"许"是许国璋，"王"就是王宗炎。记得他们当年合作参与《中国大百科全书·语言文字卷》的编撰工作，过从甚密，许先生是该卷编辑委员会副主任，王先生负责撰写"语言学"等词条。先生为此付出了大量的心血。

王先生最了不起的地方是他批判性的眼光，不唯权威，只唯真。他读书、看文章火眼金睛。不管是国际巨擘，还是国内大咖，只要发现问题，他都会一一指出，诉诸道理，仔细剖析，令人叹服。当年有很多学者拿来文章或书稿请他指正或写序，先生总是欣然应允。

博士毕业后我又回到洛外工作，不久就评上了副教授。1996年我赴美国加州大学圣塔巴巴拉分校语言学系做高级访问学者，在著名语言学家Sandra A. Thompson手下研习北美功能－类型语言学。当时石毓智在李讷（Charles Li）教授处做历史语言学研究，中国社会科学院张伯江研究员也在圣塔巴巴拉做研究。Thompson和李讷教授与他们两位常举行研讨活动，我有幸参加，获益匪浅。

美国加州大学体系和斯坦福大学等高校集中了一批被称为"西海岸功能主义"（West Coast Functionalism）的语言学学者，包括Sandra A. Thompson、Talmy Givón、Wallace Chafe、Bernard Comrie、John W. Du Bois、Paul Hopper、Joan Bybee、Elizabeth Traugott等人。他们认为，是语言使用建构了语言知识，也推动了语法化进程。Thompson与人合著的一系列论文或著作在国外很有影响，有些被认为是功能主义理论发展的里程碑。Thompson奉自然产生的话语为圭臬。有一件事印象深刻：访学时我曾向Thompson教授提起国内出版的一本《汉语虚词词典》，她马上问我例句是否authentic，即是否取自实际使用的语料而非编撰者自拟。她认为自拟的例句不可靠。

近半个世纪以来，廖秋忠、陈平、沈家煊、石毓智、张伯江等学者将上述功能主义理论引入我国或用来研究汉语，极大地推动了汉语研究的进展。1997年我回国后发表了《功能主义语言学说略》一文，2010年又发表了《语言使用建构语言知识——基于使用的语言观概述》一文。在此期间，我还研读了同属功能主义学派的认知语言学理论，两者结合，逐步形成自己的研究方向。

回国后不久我晋升教授，负责英语专业高年级教研室的工作，后来又被聘为博士生导师。2001年我开始担任《解放军外国语学院学报》专职主编，兼任英语专业硕士和博士生导师。除了讲授语言学课程，我还开设了"社会科学研究方法"课程，著有《定量型社会科学研究方法》一书。我认为，社会科学乃至人文学科的研究都应借鉴自然科学的逻辑和论证方法，论及的概念需要严格界定，研究要提出并回答或解决具体的问题，必要时，应该使用假说检验、数据分析的方法，质性的演绎辅以量化的论证会更有说服力。就语言研究而言，我推崇使用语料库和大数据，用得好，它能增添论证的砝码，使结论更有力量。

2012年我从洛外退休。2018年9月，我获聘广西大学君武特聘教授，在外国语学院任职。在懒散差不多6年后重返职场，有机会再次发挥有限的专长，十分开心。我开始重拾对汉语研究的兴趣。外语界出身研究汉语，汉语功力不够，局限难免，但长处是对国外语言学的概念和理论可能吃得更透，把握得更准，用来做分析工具更加得心应手。希望自己的研究能对消除国内目前存在的"两张皮"现象做一点贡献。

从1979年开始读硕士研究生起到今天，我的学术发展历程与共和国的改革开放史基本同步。就研究条件和资源而言，40多年的进步可用"天壤之别"来形容。当年没有电脑，打字还得依靠机械式打字机，需要打字员帮忙。做研究想查一些资料困难重重，费时费力跑国家图书馆或其他大学，想找国外资料更是难上加难。而如今电脑录入，可随时随地修改，网上查阅普通资料信手拈来，想得到国外资料也不再是难事。但40多年来不变的是，知识的积累、能力的养成仍需一步一个脚印，不积跬步，无以至千里。外语的娴熟，方法的驾驭，写作能力的提高，都仍是入脑入心的缓慢过程，绝不能一蹴而就。

回顾我的学术发展历程，自感先天不足，基础薄弱，从一个农家子弟成长为今天的我，一路走来不易，我感恩培养、指引和帮助过我的老师、同学、同事、领导和朋友。我是王宗炎先生的弟子，但说来惭愧，自己努力不够，浪费了许多时光，学术成果乏善可陈，有愧于先生弟子的名分。

我发表的论文数量不多，总共40余篇，分为四大块。一是引介国外语言学理论，二是英汉语对比，三是现代汉语研究，四是其他类。截至2019年10月5日，我的论文在中国知网被引和下载分别高达2 879次和53 101次（见表1），H指数为23。H指数是综合衡量学者发表论文数量和质量的指标。体现质量的指标是被引量即被引次数。H指数是指统计的这位学者有h篇论文，每篇至少有h次的被引量。低于h次被引量的论文，数量再多也不计算在内。我的H指数表明，有23篇文章，每篇至少被引用了23次。此外，我有3篇文章获

《人大复印报刊资料·H1语言文字学》全文转载。

表1

文献数	46
总被引数	2 879
总下载数	53 101
篇均被引数	62.59
篇均下载数	1 154.37

本书收集了上述前三类中的13篇文章。引介类文章为传播国外语言学理论和思潮发挥了很好的作用，共收录3篇。《语言象似性概说》（原标题《语言临摹性概说》）一文发表在《国外语言学》1997年第3期上，以通俗、简明的语言介绍象似性理论，沈家煊先生曾来信表示赞许。《构式语法论要》一文在国内学界很受欢迎，被引和下载次数非常高。《语言使用建构语言知识》一文详解美国西海岸功能主义理论，获《人大复印报刊资料·H1语言文字学》2011年第3期全文转载。

英汉语对比类文章涵盖词汇、语法和句式，都是从功能或认知视角进行的研究。本书共收录3篇。其中《运动事件的词汇化模式》一文发表于1998年，是国内最早引用Talmy认知语义学理论的文章之一。当时认知语言学在国内尚属新晋的理论，文章受到关注。目前国内对运动事件的研究已有很多，但鲜见对Talmy提出的其他宏事件的研究。《英汉语表达"实现"意义的词汇化模式》和《表状态变化句子的共核：变化复合体》两文分别是针对"实现"和"状态变化"事件的研究。

现代汉语研究类文章分为两个小类。一类运用国外语言学理论考察汉语，本书收录3篇。其中《限制性"X的"结构及其指代功能的实现》一文可以说是我最为满意的作品。文章从开始酝酿到发表历时10年，对"的"的一些观察始于在美国访学期间。这篇文章获《人大复印报刊资料·H1语言文字学》2008年第1期全文转载。

另一类浓缩了我对汉语独特性的思考，4篇文章全部收入本书。汉语存在最小意义单位和基本结构单位——"字"，是不可否认的事实。"字"造成的语法现象，用西方语言学理论分析时总是捉襟见肘。汉语作为分析性语言的类型学特征至今未有深入的探讨。

学无止境，学海无涯，语言和语言学研究也一样。我愿以本书的出版为动力，在这片园地上继续努力耕耘，有新的收获。

严辰松

2020年秋

目　录

第一部分

理论引介

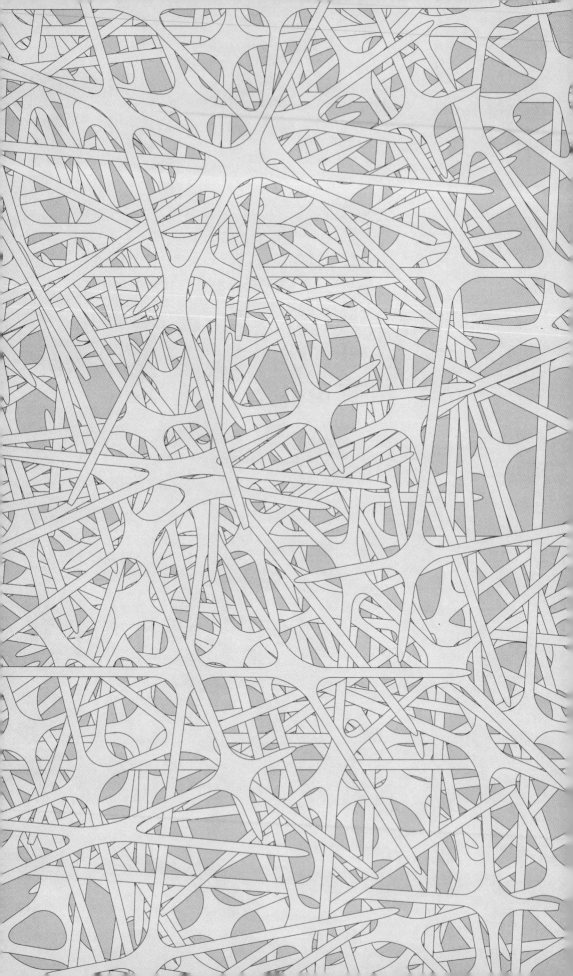

导　言

　　自《马氏文通》以来，中国语言学一直受到国际普通语言学理论和方法的影响。中国语言学界公认的大师，如赵元任、王力、吕叔湘和朱德熙等，无不熟悉国际普通语言学理论，尤其深谙丹麦语言学家叶斯柏森、美国语言学家布龙菲尔德、瑞士语言学家索绪尔等的学说，对汉语研究做出了巨大的贡献。中华人民共和国成立以后，中国语言学界从未停止对国外重要语言学理论的引介。1980年创刊的《国外语言学》，前身为中国社会科学院1961年开始出版的内部刊物《语言学资料》，1997年更名为《当代语言学》。该刊在引介国外语言学理论方面贡献颇多。20世纪80年代以来，伴随改革开放的步伐，中国语言学界"立足本土，放眼世界"，运用国际上形式、功能和认知等语言学理论和方法，结合本土的语文学传统开展研究，大大加深了国内学者对汉语的认识，极大地提高了汉语的研究水平。

　　本书第一部分共有3篇文章，所引介的都属于陈平（2018）提及的"基于用法的理论"。[1]这一理论集群包括功能–类型取向、话语分析、心理语言学、社会语言学、认知语言学等理论。基于用法的理论明确反对乔姆斯基提出的句法中心论，认为语言研究必须考察语义和语用，必须结合社会、历史、认知和心理等因素。

《语言象似性概说》一文综述约翰·海曼（John Haiman）等提出的"象似性"理论。该理论认为，语言符号和结构之所以如此，可从其所表征的内容找到理据。文章阐释了四类象似现象：第一类"疏离"指的是语言形式上的距离反映概念上的距离，如复杂的因果关系要比简单的因果关系用词多、句子长；第二类"对称"指的是语言形式上的平行体现了概念上的对等和平衡；第三类"不可预料性"指的是语言中的有标记现象必然与不寻常的意义相联系，语言结构的简单和复杂与可预见性和不可预见性相关；第四类"思维的顺序"指的是词语或句子的顺序可从思维的逻辑中找到理据。

语言象似性与任意性相对。语言符号和结构与所指之间不仅仅是任意（arbitrary）的关系，其间不乏理据。象似性存在于语音、词语、句子、语篇各个层次。围绕这一论题，国内外的研究成果丰硕。笔者这篇文章属于对经典论述的介绍。根据中国知网显示，截至2019年10月5日，《语言象似性概说》共被引225次，被下载1 258次，其中被中国知网收

---

1 陈平.中国语言学的过去、现在与未来[J].语言战略研究，2018（3）：30。

录的博士和优秀硕士论文分别引用16次和122次。文章至今仍是有关研究关注的对象。

《构式语法论要》一文介绍构式语法。构式语法认为，构式是形式与意义的结合体，涵盖语素、词、半固定和固定的习语和熟语，以及抽象的句型，跨语言多个层次。借助一般的认知机制，语言使用者在接受足够的输入后习得各类构式。构式语法对构式的分析采取"所见即所得"，而非"逐层推导"的方式。构式语法是对语言本质一种崭新的认识，对以往未能解释的语言结构具有很强的解释力，然而也存在一些不容忽视的问题。

构式语法在21世纪初被引进中国。因其视角新颖，能解释一些按常规语法规则无法解释的语言现象。笔者这篇文章深入浅出，结合英汉语实例，介绍了构式和构式语法的基本思想和理念，是学界有关构式和构式语法研究热点的参考文献。根据中国知网显示，截至2019年10月5日，这篇文章共被引482次，被下载7 061次，其中被中国知网收录的博士和优秀硕士论文分别引用49次和238次。

《语言使用建构语言知识——基于用法的语言观概述》一文介绍基于用法的语言观：语言知识，包括语法，是在人的生理和认知基础上，在语言事件高频率出现的条件下建构的。语言知识库由大小不一、复杂和抽象程度不同的符号结构构成。这些符号结构都具有形式和意义两极，在使用中浮现，并互相联通，构成联通网络上的节点。语言范畴的边界是模糊的，从词汇到语法是一连续统。

如前文所述，基于用法的理论作为一个理论

集群，不赞成以形式主义为代表的句法中心理论。从20世纪末到现在，同属这个阵营的功能、认知、心理等语言学理论等在中国大地上大规模传播，有关研究蓬勃发展，势不可挡。笔者这篇文章，适时概述了有关理念和思想，在学界得到了很好的反响。根据中国知网显示，截至2019年10月5日，这篇文章共被引38次，被下载1 251次，其中被中国知网收录的博士和优秀硕士论文分别引用6次和19次。

一　语言象似性概说[2]

1. 引言

功能主义语言学认为，语言形式和内容之间在许多方面有联系，语言符号和结构之所以如此，可从其所表征的内容找到很多理据。这种关系他们称之为语言的象似性（iconicity）。象似性是语言形式的外部解释之一。它的意义是：语言结构从某种程度上反映了人们所经验的世界结构。

语言是一个符号系统。符号和所指的关系是哲学家们一直关心的问题。早在20世纪初，著名的哲学家和符号学家Charles S. Peirce就论述了象征（icons）的问题（Peirce，1932）。象征即象似现象。最普通的象征是形象（image），如相片。相片与其所代表的人或物在外观上几乎是完全相像的，因此是形象象征。语言中的拟声词模拟自然界的声音，虽不完全相像，也属于形象象征，只不过是听觉形象（auditory image）。然而，生活中最重要的不是形象象征，而是图形象征（diagrammatic icons）。

图形象征指的是，尽管一个图形（diagram）的各个组成部分与所指没有相似之处，但是这些部分之间的关系与所指相应的部分是对应的。常见的例子有线路

2　原载《国外语言学》1997年第3期，21—25页，原文标题为《语言临摹性概说》。

图、地图等。另外，恺撒的名言"Veni, vidi, vici"（"我来了，我见了，我征服了"）所表现的词序和事件发生的顺序相一致，这类词序结构也是一种图形象征。

Roman Jakobson 在《语言本质探索》一文中引用了 Pierce 有关图形象征的观点（Jakobson，1965），但是首先较为系统地探讨语言象似性各个方面的是 John Haiman。现综合他和其他学者的研究，做概要介绍。

Haiman 认为，如果不把音段（segmental）和超音段（suprasegmental）结构作为两套独立的系统来考察，而是看作一个整体，那么语言，不管是口语还是书面语，从本质上来说是一维的。语言形式呈线性序列展开。无论是聚合成分（如"伟大的、光荣的、正确的"），还是组合成分（如形容词加名词），语言形式按照时间或空间顺序展现。这种结构看似有其限制，却仍然可以象征现实世界各种从简单到复杂的概念和关系。下面我们分别介绍4类象似现象。

2. 疏离（alienation）

疏离是一种概念上的距离（conceptual distance），可分不同的情况，在语言形式上因此也有不同的表现。典型的例如，在音段层次上，语言符号（如语素和词）之间的距离可表示相应的概念上的距离。语符间的距离可用离散和融合程度，或语符数量的多少来衡量。离散较之融合距离大，间隔的语符数量多比数量少的距离远。这类象似现象最为直观。可用符号表示如下：

$$（1）a. X\#A\#Y$$
$$b. X\#Y$$
$$c. X+Y$$
$$d. Z（转引自 Haiman，1983）$$

上面的 # 和 + 分别表示词和语素的界限。如果（1a）到（1d）4种形式分别表示与 X 和 Y 有关的同一个复杂概念，那么可以看出，从 X 到 Y 的形式距离以（1d）为最短，这时 X 和 Y 已融为一体，成了 Z；（1c）次短，X 与 Y 仍可辨析但是已互成黏着语素。4种形式中，以（1a）的距离为最长：X 和 Y 之间相隔一个或更多的词（用 A 表示）。现举几个与疏离有关的例子。

2.1 因果关系（causation）

语言形式距离体现概念距离的一个例子是因果关系。直接和间接因果关系在语义上的差别往往在形式上显示出来。常举的英语例子是：

> （2）a. I killed the chicken.
>
> b. I caused the chicken to die.

两句虽然表示同一结果，但细究起来语义上有差别。从形式上说，（2a）因和果之间的距离显然小于（2b），所表现的概念距离也是如此。在（2a）的情况下，因和果发生在同一时间和地点，而且（2a）蕴含施事直接动手导致后果的意义。而（2b）则暗示施事并未直接接触受事。这时因与果的联系蒙上了一层神秘色彩。当受事是无灵物体时，神秘色彩就更加强烈。试比较下面两组句子：

> （3）a. Peter felled the tree.
>
> b. Peter caused the tree to fall.
>
> （4）a. Sam raised the rock.
>
> b. Sam caused the rock to rise.

我们感觉，（3b）（4b）句中的施事似乎具有神奇的力量。Haiman（1983）还举了其他语言的例子。

2.2 并列（coordination）

在转换语法中，并列结构从繁到简的转换称为"并列压缩"（coordination reduction）（Chomsky，1957）。现已发现，并列的各项之间在形式上的距离也反映了概念上的距离，繁简两式意义往往不同。

> （5）a. X a Y and X b Y
>
> b. X a and b Y

并列项 a 和 b 之间的概念距离，（5b）显然不同于（5a）。在（5a）中，a 和 b 分列并互相形成对比；而在（5b）中，它们相互之间近了一步，具有了同一性。看实例更为清楚：

> （6）a. red ribbons and white ribbons

b. red and white ribbons

对（6a）唯一的理解是红与白两种不同颜色的绸带，而（6b）除此意义以外，更可能表示颜色红白相间的同一种绸带。后一种情况的佐证是 black and white TV。

2.3 引语和标题（quotations and titles）

语言成分在语法上的互相影响反映了它们之间另一种形式上的距离。当 a 存在于 b 的环境中时，有两种情况。一种是 a 受 b 的影响，另一种是 a 和 b 互相独立，a 不受 b 的影响。就 a 和 b 之间的形式距离而言，后者显然大于前者。在英语中，语言成分在语法上相互影响（如一成分受另一成分制约）的情况有主语动词一致、格标记和语序等。比如，当施事与受事同指时，受事须用反身代词。但是出现在受事位置上的引语却不受此限制。比较：

(7) a. I don't like myself.

b. I don't like "I" in essays.

语言形式上的不同说明了意义上的差别。引语在形式上未被上下文同化，这说明引语与上下文不是一体。如果说上下文语境是现实生活的话，引语就是现实生活舞台上的戏剧。这在口语中尤其明显。说话人在直接引用他人的言谈时，常要模仿彼人的语音语调。

除了格标记以外，语序也可表现上述差异：

(8) a. Not a word did she say.

b. "Not a word" she said. (* "Not a word" did she say)

2.4 条件分句的论元地位（argument status of protasis clauses）

对于意义上的各种疏离，并非所有语言都加以标示或以同一种方式呈现。例如，条件句包括表达条件（前提）的分句（protasis）和表达后果（结论）的分句（apodosis）。它们之间的语义关系有时明显，有时不明显。如：

(9) a. If you're hungry, you can have a banana.

> b. If you're hungry, there's a banana on the
> table.

（9b）的条件–后果关系显然不如（9a）清晰。这种意义上的差异，英语在形式上未加标示，但在相应的德文中就有标示：

> （10）a. Wenn du hungrig bist, kannst du eine
> Banane haben.
>
> b. Wenn du hungrig bist, es gibt auf dem
> Tisch eine Banane.

德语语法有一条"动词列第二位"的规则。在（10a）中，条件分句整体当作一个论元，在句中列第一位，后果分句中的动词kannst因此必须与主语du倒装以满足"动词列第二位"的语法要求。然而在（10b）中，由于条件–后果关系不明显，条件分句未作为整句的论元，动词因此也无须倒装。这表明两分句之间的意义关系松散，几乎相互独立。因此，a与b之间形式上的差别体现了意义上的差别。

2.5 社会距离（social distance）

另一种疏离与语用有关。出于礼貌、委婉、含蓄和遮掩等目的，人们在表达自己意思的时候不那么直率，而是"绕着弯儿"说话。这时语言形式复杂化，语符增多，听话人理解意义时比说话人单刀直入时要费事。简单的言谈意思直露，一听便知；而复杂的语句意义含而不露，目的是掩饰真正的意图，或缓解真正的含义可能造成的冲击。比如，同是请求、让别人为自己服务，语句的长短反映了礼貌的程度。

> （11）a. Open that window.
>
> b. Please open that window.
>
> c. Will you please open that window?
>
> d. I wonder if you could open that window.

祈使句的短与长体现了谈话双方的社会距离或者说亲疏关系，但亲疏关系不是问题的核心，社会距离的内涵不止于此。语句的长和短、复杂和简单，反映发话者是否有意掩饰真正的含义和意图。冗长是掩饰的象征。如此看来，委婉、含蓄等与礼貌具有共同的性质。美国人喜欢把disabled（有残疾的）含蓄地称作physically challenged。还有，医生给重症病人透露不好的消息时迂回曲折，政客们对敏感问题含糊其辞等，都属于这一类。

2.6 讽刺（sarcasm）

在一般情况下，口语中的音段成分与贯穿其间的超音段成分（即语调等韵律特征）在表达意义时是协调一致的。但偶尔这两者之间也会出现不和谐（dissonance）。音段单位a与超音段单位b之间形式上的距离，在它们不和谐时要大于和谐之时。讽刺属于不和谐的情况。说话者想表达的意思与实际说出口的话背道而驰。在形式上表现为语调等韵律特征与讲话的字面意义不一致。这种冲突和不协调是以正常情况下语调和字面意义和谐一致为前提的。

3. 对称（symmetry）

语言象似性的另一个方面是语言结构的对称性。语言中的对称和音乐绘画中的对称是相似的，指的是对等和平衡现象，同质和类似的现象依时空维度重复出现。语言中的押韵、对偶，音乐中的重复，都表现了这种对称。

形式上的平行反映了概念上的平行（conceptual parity）。语言中的一些句法结构也表现了这种关系。较突出的例子是"相互结构"。Haiman（1985）认为，几乎所有语言都区分下列两种情形：

（12）a. Max hit Harry, and (then) Harry hit Max.

b. Max and Harry hit each other.

不难看出，（12a）表现了一个因果关系，也表明了时间顺序，而（12b）则隐含动作的同时性（simultaneity）。

这种对称不仅见于并列结构，比较结构也是如此。一般说来，对比的成分在语义和形式上都对等。值得注意的是，汉语在形式上有时似乎并不遵守上述约束。如：

（13）a. 他的头比我的大。

b. 他的头比我大。

c. 他头比我大。

依笔者的语感，（13a）（13b）（13c）三句都是可以接受的句子。（13a）显然符合形式对称原则。"我的"可看作"我的头"的省略，相当于英语的 mine。然而（13b）（13c）却都不符合对称原则，尽管这两句的话题不同，一是"他的头"，一是"他"。当然，人们在理解意义时都清楚比较的是"头"而非其他。这一点说明了汉语语法的灵活性。

4. 不可预料性（the unexpectedness）

语言中有不少现象呈现无标记和有标记之分（unmarked and marked）。无标记一类属寻常的、可预见的，而有标记的则是不寻常的、非常规的、不可预见的，因此有标记现象必然与不寻常的意义相联系。这也是一种象似。我们举一些例子。

Talmy Givón（1983，1985）曾指出，名词性结构的大小（其衡量参数包括语符数量的多少和韵律幅度的高低）与其所指的可预见性（predictability）大小成反比。意思是说，名词结构大，所指可预见性小；反之，则所指可预见性大。换句话说，所指的可预见性越高，语言所花费的物质形式就越小，以至于无，如汉语中的零指代；而未在预料中的，语言必加以突出，形式就大。

再看英语的被动语态。被动语态的语用功能之一是淡化施事。在一般情况下，被动句的主语是事实上的受事，并非动作的执行者或发出者。人们一般期待的是：被动句的主语和施事不是一回事，这是无标记的情况。在下面的句子中，作者很好地利用了被动语态的这一语用意义：

（14）If I were to change, the changing would have to be mine alone. I could not be changed, since there was no one to do it for me.

作者把 being changed 和 changing by oneself 相对照，清楚地表达了唯有自己是转变自己的动因，而非旁人。

然而主语所指与施事也会出现意想不到的同指现象（unexpected coreference）。如：

（15）He was changed —— by *himself.*

这时语言在形式上一定会标示这种不寻常的意义。在口语中表施事的成分 himself 必然会重读，而书面语则用斜体字等形式标出。

下面两句也含未预料到的同指。在一般情况下，当事和与事是不同的。如果同指，必有不寻常的意义，且在形式上一定有所体现。

（16）The Senator sold the slave —— to the slave

himself.

（17）The slave was sold —— to *himself.*

除重读等强调手段以外，在其他语言中，预料之外的同指还可用反身代词位移等来表示。汉语中可有"他打自己一个耳光"，"自己"一词必重读，必要时还可添加一个强调形式："他自己打自己一个耳光。"

在英语和其他一些印欧语中，有两类表示动作的普通及物动词。一类是"指内"（introverted）动词，如 shave。这类动词通常指人整理自己的形象，一般由自己完成，动词的宾语因此与主语同指。另一类是"指外"（extroverted）动词，其主语的动作施于他人，如 kick。

（18）He shaved (himself).

（19）He kicked himself.

英语和许多其他语言一样，指内动词使用时一般不带宾语 oneself，如 He shaved、I washed，因为给自己 shave 和 wash 是不言而喻的。在俄语、匈牙利语和土耳其语中，这类情况用中动语态（middle voice）表示，标志是一黏合语素。英语的指外动词不能像指内动词那样单独使用，后面必须跟一宾语。即便是 kicked 自己，也应该说 He kicked himself，这就表明 kick 与指内动词不属于一类。在俄语等语言中，当出现相当于例（19）的情况时，动词后必须使用表示预料之外同指的代词。

由于主语和宾语同指，指内动词在使用时省略宾语，即反身代词。这成了正常的、可预见的无标记情况。这时及物动词似乎变成了不及物动词。但偶尔指内动词也会带上与主语并不同指的宾语。这时就出现了预料之外的不同指现象（unexpected non-reference），于是有些语言的指内动词在原本无标记的情况下反而需要加注标记，以完成"及物"的功能。这种反标记现象最能说明语言结构对语境和语用的敏感性。例子见 Haiman（1983）。

5. 思维的顺序（order of thoughts）

自从 Jakobson 引用恺撒的名言说明语序的理据以来，语序象似或称线性象似（linear iconicity）是有关语言学文献中讨论最多的题目。其基本观点是：句子或词语的顺序反映了思维的顺序。汉语的例子常被用作佐证。戴浩一在以往学者研究的基础上提出了汉语的时序原则（principle of temporal sequence）（Tai，1985）。这个原则是说，两个句法单位的语序取决于它们所描述事件或状态在时间上的先后顺序。在汉语中，不仅并列句、并列谓语、连动式、使成式等遵守这一原则，而且各类状语的位置也可以从中得到系统的解释。

有关小句中成分孰先孰后的问题，Behaghel（1932）和 Jespersen（1949）曾提出两条对立的语言普遍性原则。Behaghel 认为旧信息或已知信息在先，如话题常置句首。而 Jespersen 则提出"现实原则"（principle of actuality），因为焦点成分常在句首。英语似乎同时遵守这两条冲突的原则。英语的条件分句一般先于后果分句，这是旧信息先于新信息的例子；但是在疑问句中，疑问词一般前置，这是焦点先于其他一切。英语如此，其他语言也有类似情形。

这两条互相冲突的原则都是语序之所以如此的理据，所以在文献中有"相竞的理据"（competing motivation）的说法（Du Bois，1985）。它们的存在，说明语言要反映的现实不一定是线性的。线性的语言要表现非线性的现实是有局限性的。到底有哪些因素制约语序，对各种语言又有什么不同的制约模式，还待进一步研究。

Haiman（1980）认为，虽然语序象似是典型的象似（iconicity par excellence），但它不是语言的普遍原则。否则就无法解释为什么世界上各种语言的语序不尽相同，都有自己"最适宜的语序"（preferred word order），至少在小句层次上是如此。

参考文献

- BEHAGHEL O. Deutsche syntax: eine geschichtliche Darstellung, Vol. 4[M]. Heidelberg: Carl Winters Universitätsbuchhandlung, 1932.
- CHOMSKY N. Syntactic structures[M]. The Hague: Mouton & Co., 1957.
- DU BOIS J W. Competing motivations[M]// HAIMAN J. Iconicity in syntax. Amsterdam: Benjamins, 1985: 343-366.
- GIVÓN T. Topic continuity in discourse[M]. Amsterdam: Benjamins, 1983.
- GIVÓN T. Iconicity, isomorphism and non-arbitrary coding in syntax[M]// HAIMAN J. Iconicity in syntax. Amsterdam: Benjamins, 1985: 187-220.
- HAIMAN J. The iconicity of grammar: isomorphism and motivation[J]. Language, 1980, 56 (3): 515-540.
- HAIMAN J. Iconic and economic motivation[J]. Language, 1983, 59 (4): 781-819.
- HAIMAN J. Natural syntax[M]. Cambridge: Cambridge University Press, 1985.
- JAKOBSON R. Quest for the essence of language[J]. Diogenes, 1965, 13 (51): 21-37.
- JESPERSEN O. A modern English grammar on historical principles, Vol. 7[M]. London: George Allen Unwin, 1949.
- PEIRCE C S. Philosophical writings[M]. Boston: Harvard University Press, 1932.
- TAI J H. Y. Temporal sequence and Chinese word order[M]// HAIMAN J. Iconicity in syntax. Amsterdam: Benjamins, 1985: 49-72.

二 构式语法论要³

1. 引言

构式语法（construction grammar）是近年来研究语言的一种新方法⁴，国内已有若干文献用以研究汉语及英汉语对比分析（张伯江，1999，2000；沈家煊，2000；李淑静，2001；陆俭明，2004；董燕萍、梁君英，2002；纪云霞、林书武，2002；石毓智，2004；王惠，2005）。本文将较为详细地阐释什么是构式语法和构式，并说明构式语法的理论和实践价值及其存在的问题。

2. 语法的构式观

语法的构式观有很多种表述，但它们殊途同归，都一致反对语法的模块观（modular view）。

模块观认为，研究语言形式即可揭示语言的本质，对形式构造的研究可独立于它们的意义（语义）和功能研究；语法研究的对象应是可用规则推导得出

3　原载《解放军外国语学院学报》2006年第4期，6—11页。

4　国内有不少学者将construction一词译作"句式"。"句式"不足以涵盖construction的意义，因为它不仅仅是指句子结构，译为"构式"更为合适。

的所谓的"核心"部分，而习语、熟语等半规则和不规则的语言结构是边缘现象（periphery），可不予理会。此外，模块观还认为，语言结构相当复杂，不可能依靠一般的认知机制，通过少量输入，用归纳的方式就可以学会，人类一定是通过先天赋有的能力才掌握语言的。

构式观的看法则正好相反。构式观的学者认为，研究语言的形式离不开对意义和功能的审视，形式和意义是密不可分的结合体；以一般语法规则为参照的半规则和不规则结构同样是语言学研究的重要课题，这些结构是构成人们语言知识库（inventory）不可或缺的部分，对它们的研究能够大大拓展我们对语言本质的认识；人类不是通过先天赋有的能力习得语言的，赖以掌握语言的输入十分丰富，且习得语言与习得其他知识一样，都借助于一般的认知能力。

语言的构式观与语言的功能观、认知观一脉相承。功能观和认知观认为语言的结构受到语言使用的影响，语言的功能使语言形式得以形成或改变。此外，语言形式的形成和发展还受到人类经验和认知的影响。人类将反复感知到的现象概念化、范畴化、图式化。这些概念、范畴、图式固化或半固化在人的知识中，使得人们在生活中运用自如，在认知新的现象时随时调用，并能举一反三，将已有的知识迁移至新的范畴。人类这种一般的认知能力同样反映在人的语言能力中。从某种意义上说，构式即是一种图式。

3. 构式：形式与意义的结合体

构式是"形式与意义的结合体"（pairing of form and meaning）或"形式与功能的结合体"（pairing of form and functions）（Goldberg，1995a；Jackendoff，1997；Kay & Fillmore，1999）。这一定义所蕴含的意思是，凡是构式，无论简单和复杂，都有自己独立的形式、意义或功能。有关构式的另一种说法是：任何语言表达式，只要它的形式、意义或功能的某些方面是不可预测的（unpredictable），就都可以称之为构式（Goldberg，1995a）。

形式、意义和功能的不可预测性指的是无法用常规的语法规则和意义形成规则来解释。有关语言的构造，过去一直认为是从底层的分子开始、通过组合

二 构式语法论要

规则向上逐级构成，这样的结构都可以通过常规的语法规则进行分析。有关语言结构的意义，应是其组成分子意义的合成。掌握了上述组合规则，人们就可以借此推演出语言结构的意义。这种有关语言结构的原子（atomist）和组合（compositional）观目前仍为生成语法所推崇。然而，构式语法则认为，并不是所有的语言结构都经由常规的语法规则构成，结构的意义也并非都是其组成分子意义的合成。构式语法认定，语言中存在大量并非通过常规语法规则构成的结构，这些结构未必通过掌握规则就能理解，而是必须经过独立的学习才能掌握。

例如英语在词汇和句法层面都有一些不规则的表达式。如词组"let alone"是一个动词加副词组成的动词短语，它的用法相当于一个连接词，表述与它前面的成分相对的意义（如"He is not even a colonel, let alone a general"）。首先，这一词化的表达式无法用英语一般的造词规则来解释，英语中没有这样的构词法；其次，动词加副词本该用于谓语，然而这个表达式却用作连接词；再者，"let alone"的整体意义并非其组成分子意义的简单相加。类似例子还有"by and large""all of a sudden"等。它们的构造、意义和功能都有各自的特点，都不能从一般的语法规则推得。

即便是按照语法常规组合起来的词汇或句子，如果它们的意义独立于组合成分的意义或不是它们意义的简单相加，则同样也是构式，如英语中的"red tape""blue collar""white elephant"，汉语中的"蓝领""木马""伤风"，它们的意义都不能通过一般组合规则得到正确的合成意义。

构式不仅限于词汇层面，也同样存在于句法层面，例如英语中的"V TIME away"结构（如"Jane slept the whole trip away""Elizabeth knitted the whole week away""She danced the night away"）就是一个构式。这一构式的句法无法用常规的语法规则来解释，生成语法也对它无能为力（Jackendoff, 1997）。此外，这一结构的意义也无法从其中的词汇成分的意义推演得出。比如"sleep a trip"是什么意思？只有在比较了多个类似的例子以后，人们才能知道它们共同的意义，亦即构式的意义："从事特定的行为从而度过或浪费了一段时间"。

又如"the more... the more..."的表达式。"The"本是用于名词的定冠词，这里与一个比较级连用，引导一个分句，两个这样的分句一起使用，表述两种事物之间的共变关系。这一表达式的构造和功能同样也无法用通常的规则来解释。

再如在汉语中,"有+光杆名词"这一构式赋予后面的光杆名词以"多""大""好"等正面意义。如"有经验"表示"经验丰富","有年头"表示"年头多","有学问"表示"学问大","有人缘"表示"人缘好"(王惠,2005)。

构式语法认为,构式意义既是语义信息,也包含焦点、话题、语体风格等语用意义,所有这些与构式的关系都是约定俗成的,是构式本身所具有的表达功能。因此,即便是可用语法规则推理得出的句式,如果其语用意义特殊,也同样属于构式。从形式上看,英语中的句式"What's X doing Y?"是一个按照语法常规组织起来的特殊疑问句,然而它的有些用例具有特殊的意义或功能。例如"What's the fly doing in my soup?"显然不是询问苍蝇在做什么,而是顾客在饭店里对所点要的菜里出现苍蝇表示惊讶或不满。因此,"What's X doing Y?"的特殊用例就是构式,它的不可预测性体现在用法上。

可以认为,形式、意义和功能的不可预测性是判定构式的标准,后两者包括上述语用意义,三者的不可预测性标准可以分别适用,也可合并适用。这就是说,有的构式属于形式上的不可预测,有的属于意义上的不可预测,有的属于功能上的不可预测,还有的则是兼有两种或以上的不可预测。"Let alone""by and large""all of a sudden"及"the more..., the more..."兼有形式和意义上的不可预则性,"red tape""blue collar"是意义上的不可预测,而用作抱怨或惊讶的"What's X doing Y?"句式则是用法上的不可预测。

4. 实体构式与图式构式

从以上的分析不难看出,语言中最有可能称为构式的是那些不按照语法常规组合并且具有独立意义的各种习语、熟语等。然而有学者认为,最小的语义单位——语素——乃至再高一个层次的词也属于构式,它们同样是"形式与意义及功能的结合体",因为它们的意义同样是无法预测的。同理,那些似乎可以用一般语法规则解释的抽象的句型,如及物句型、不及物句型、双及物句型、汉语中的"把"字句等也是构式。作为句型,它们具有独特的功能,如双及物句型表达物体传递的意义，"把"字句含有"处置并达致结果"的意义。

广义的构式仍然符合其"形式与意义及功能的结合体"的定义。语素和不可切分的词虽然不涉及结构的组合，但它们具有索绪尔所说的"任意性"，即能指与所指的联系不具有必然性，这就是说，这些符号的意义具有不可预测性。至于抽象的句型，虽然可用一般的语法规则来解释，但它们的整体意义并不是其组成分子意义的简单相加，而且这些句型都有自己独特的功能，因此其整体的意义和功能也都是不可预测的。

综上所述，构式不仅仅是语言中不规则的习语、熟语等，也包括抽象的句型，甚至语素（含词缀）和词。语言中各种规约化的"形式-意义/功能"结合体都是构式，构式存在于语言的各个层面。任何语言表达式，只要它的形式、意义或功能不能完全从其组成成分中推知出来，就都可称之为构式。英汉语的例子见表1。

表1.英汉语构式举例

	汉语	英语
语素	亚、者、头、子	anti-, pre-, -ing
词	幽默、孟浪、浪漫、憧憬	avocado, anaconda
复合词	哑铃、蓝领、木马	daredevil, shoo-in
习语（全固定）	哪壶不开提哪壶、王顾左右而言他	going great guns, let alone, by and large, all of a sudden
习语（半固定）	有（经验/年头……）、谁知道?	The more...the more..., V time away, V one's way, What's X doing Y?
句型	及物句型、双及物句型、动结结构、"把"字句	resultatives, ditransitives, caused directed motion

语素、词、复合词及全固定的习语叫作"实体构式"（substantive constructions），这些构式在词汇上是固定（lexically fixed）的，即其组成分子不可替代，而半固定习语以下的构式都称为"图式构式"（schematic constructions）（Fillmore，Kay & O'Connor，1988）。

可以看出，从实体构式到最抽象的图式构式构成了一个连续体。及物句型、双及物句型、动结结构等在词汇上是完全开放的，属于最抽象的图式构式，而更多的图式构式在词汇上处于部分开放、半开放等各种状态，有些还是框架结构，如汉语"在_上"（未列入表1）。

显然，实体构式和图式构式具有很不相同的性质。实体构式只有一个实例，而图式构式由于词汇部分是部分或全部开放的，于是就有不止一个实例。这些实例instantiate（例示）某个图式构式，这个图式构式则licenses（允准）这些实例。最抽象的图式构式（句型）具有无限多的实例，而一些半开放的图式构式则只有为数不多的实例，如汉语"有+光杆名词"。

5. 图式构式：抽象的句型

笔者认为，构式语法对语言研究最大的价值体现在对抽象句型的分析上。英汉语中都有的基本句型——及物、不及物、双及物句型，以及汉语中的"把"字句、"被"字句等都是构式，因为它们具有自己独立的意义和功能。

传统语法和语言学研究都把动词作为核心，句型是由动词的性质决定的。比如动词可按配价来分类，如一价、二价、三价，这些决定了句型的论元结构。举英语的句子为例：

（1）John gave Mary a book.（双及物构式）

（2）Pat put the ball on the table.（"致使迁移"构式）

例（1）表述了一个"有意的给予"（intended transfer）事件。这个事件涉及与者、受者和给予物3个事物，例（1）表达了给予物"book"的所有权从与者"John"到受者"Mary"的转移。例（2）表达一个"有方向的致使迁移"（caused directed motion event）事件："Pat"将"ball"移至"table"之上。从表面上看，这两个句子的意义分别是由三价动词（可带3个论元）"give"和二价动词"put"（可带两个论元）的意义决定的。"give"通常用于"给予"，"put"用于"放置"。

然而再看下列例句：

（3）John sliced Mary a piece of pie.

（4）John sneezed the tissue off the table.

例（3）和例（4）中的动词"sliced"和"sneezed"原本不是三价动词，前者是二价，后者是一价。但是，这两个动词用在例（3）和例（4）中并没有什么不合适。例（3）表述了"给予"的意义，例（4）表述了"有方向的致使迁移"。这就是说，这些动词在用于双及物和"致使迁移"句型中，获得了原本不具备的三价或二价的用法。

以下两句也都是各自的构式赋予了动词以新的配价（转引自Goldberg，1995b）。

（5）She smiled herself an upgrade.

（6）We laughed our conversation to an end.

以上分析表明，构式的整体意义大于其组成分子意义之和。构式的意义不仅来自它的组成分子，而且具有自己的意义。相当于句型的抽象构式具有自己的配价即论元结构。构式的整体意义来自其原型动词（如"give""put""move"）的意义，然而构式一旦形成，其整体意义会整合进入该构式动词的意义和功能，使之与整体相适应。比如，构式整体的配价会整合进入该构式动词的配价，使之与整体的配价相一致。

构式的整体意义与其词汇成分的意义有一种互动的关系。如在"He baked her a muffin"中，动词"baked"因它所处的双及物结构而获得它本不具备的"传递"的意思。在下列句子中，"slice"一词随着不同的构式获得了不同的意义。

（7）He sliced the bread.（及物构式）

（8）Pat sliced the carrots into the salad.（"致使移动"构式）

（9）Pat sliced and diced his way to stardom.（V one's way构式）

（10）Pat sliced the box open.（resultative构式）

以上是英语中的例子，我们再来看汉语。汉语的动结式Subj $V_1 V_2$ Obj是一个常见的句型，也是学者们多年来研究的重点之一。动结式无疑是一个构式，一般来说，它的V_1是二价的及物动词，作用于Obj，导致V_2所表述的结果。这个结构隐含转变（transition）的意义，两个动词并置就意味着转变。最典型的动结式具有"施事有意实施某动作致使受事达致某结果"的意义。如：

（11）张三砸碎了车窗玻璃。

（12）保安打死了小偷。

然而我们常见到 V_1 不是及物动词的结构，如"笑弯了腰""喊哑了嗓子""哭倒了长城"。在这里，动结构式作为整体具有一个二价的复合谓语。

《南方都市报》2005 年 7 月 26 日发表了题为《"人头马"喝哭志愿者，志愿者要哭醒谁》的社论。这篇社论的标题含有"喝哭"和"哭醒"两个动结结构。动词"喝"虽然是及物的二价动词，但与"志愿者"不能构成搭配关系，"哭"一般也不作为及物动词使用。然而"喝哭"和"哭醒"这两个组合在上述两个动结构式中显然是及物的。这是构式赋予动词配价和新义的绝佳例证。

6. 构式：对语言全息的解释

构式语法不把语法分解为独自拥有规则的音系、句法、语义 3 个模块，而是把它们看作构式有机的组成部分。构式语法对构式的描述是对构式全息信息的描述，可表示如图 1。

图 1. 构式的构造

构式语法还认为，语言是由构式组成的。一个构式可由多个构式组成，例如构式"What did Liza buy the child?"分别由下列实体和图式构式组成：

1）*Liza*，*buy*，*the*，*child*，*what*，*did*（词构式）

2）双及物构式

3）特殊疑问句构式

4）主语–助动词倒装构式

5）动词短语构式

6）名词短语构式（转引自 Goldberg，1995b）

此外，构式之间形成互联的网络。如图2。

从图中可以看出，及物构式（Subj VP Obj）"允准"，同时也由多个实例来"继承"，其中有些实例本身就是实体或图式构式（如"kick the bucket""kill_(a cat/dog/...)"）。这些构式在构造上与及物构式共享相同的句法特征。

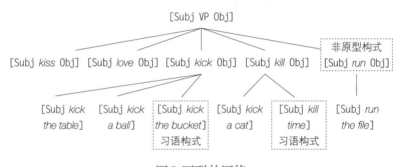

图2.互联的网络

此外，构式还以原型构式为基础，通过隐喻和转喻机制，形成具有"家族相似性"的网络。如图2中的 Subj *run* Obj 就是一个非原型的构式，因为"run"一词首先是不及物用法，及物用法是在不及物用法的基础上衍生的。再如汉语中的双及物构式（Subj VP Obj$_1$ Obj$_2$），其原型意义是"给予"，即"有意致使 Obj$_2$ 的所有权向 Obj$_1$ 转移"（如"张三给了李四一本书"），然而这一构式在现代汉语中有大量"取得"意义的实例，"转移"的方向截然相反（如"张三吃了李四两个苹果"）。而值得注意的是，在英语中，"双及物"构式除了"charge him a sum of money"以外，很少有"取得"类的用法。

7. 结语：构式语法引发的思考

构式语法给语言研究提供了新的视野和方法。它使我们对语言结构有了更深刻的认识，并可以用来解释一些先前不好解释，或先前想不到去解释的语言现象。笔者认为，构式语法的创新有以下几点：

（一）打破了词汇和句法之间的界限

构式语法所考察的构式，纵跨语言各个层次，语素、词、习惯用语、半能产的搭配以及句型都是约定俗成的"形式－意义"结合体。这就是说，词汇和句法结构具有共同的性质，有时无法划分严格的界限，都体现了人类认知对现实的反映。词反映了人类认识世界的基本概念，论元结构则反映了日常事件发生的动态模式：某人传递某物给某人，某物致使某物移动或改变状态等。

打破词汇和句法之间的界限这一点特别适用于解释汉语。众所周知，汉语的构词法和造句法是相通的。区分词汇和句法结构历来是困难的事情。那些所谓"动宾短语""述补短语""主谓短语"等，既可以是词汇结构，也可以是句法结构。再如，在汉语中，同样是出现在动结结构中的V_1+V_2，"打倒""推翻"等往往被看作是V_1+V_2合为一体的词，而"喝哭""哭醒""唱累"则被认为是分列的两个成分。从构式语法的角度来看，它们的性质一样。两者都具有动结结构所赋予的致使义，相当于及物动词。

（二）区分了构式义和词义

由于构式具有独立于其组成分子的意义，即构式义，过去一些说不清楚的问题现在得到了解释。王惠（2005）认为汉语中"有＋光杆名词"是一个构式。这一构式有一种特殊的含义，它表述名词所指的事物"程度深"。《现代汉语词典》（第7版）第1588页在"有"字词条下有一专门的义项："表示所领有的某种事物（常为抽象的）多或大"，其实离开了"有＋光杆名词"这一构式，"有"在任何地方都没有该意义。在其他地方，又把构式具有的"大""好"等意义赋予了该构式后面的光杆名词，如在"风度"词条（第388页）下有义项："人的举止姿态（多指美好的）"。其实"风度"等词都只有中性的意义，因为完全可以说："风度欠佳"，"美好"的意义是由"有＋光杆名词"赋予的。

同样，在英语中，我们不能因为smile可用于"She smiled herself an upgrade"就说smile可用作及物动词，因为"sneezed the tissue off the table"就说sneeze具有"致使移动"的意义，因为"baked her a cake"就认为"bake"具有"给予"义。这3个动词的配价或意义都是它们所处的构式所赋予的。

（三）指明了构式义与词义有互动的关系

前文已经表明，构式的整体意义与词义是一种互动的关系。如作为构式的抽象句型，其配价来自进入其中的原型动词，然而构式一旦形成，便会反过来整合进入其中的其他非原型动词的词义，使之与构式的整体配价相一致。句型如此，短语也是如此。

（四）强调对语言全息的解释

构式语法首次明确提出把词汇、语法、语义，甚至语用作为一个整体来分析，对构式的分析采取"所见即所得"的方法，不认可存在具有"底层句法层次"或"语音上为空的成分"（Goldberg，1995b）。构式是非推导性的（non-derivable），即上一层构式并非下一层的分子通过简单的推导而得出。

然而构式语法分明也存在一些问题：

（一）构式语法能否对语言做出全面的描述和解释？目标与实现目标的可行性可能存在很大的差距。

（二）构式分属不同的层次，它们的抽象程度不一，所谓的不可预测性也不可同日而语。实体构式如"red tape""white elephant"等毕竟不同于抽象句型类的图式构式，构式与构式之间的复杂程度迥异。语言中到底有多少构式，能否穷尽？词库如何建立？组合法则如何确定和描述，即便是构式的组合？

（三）语言的词、习惯用语、搭配、句型都有自己的独特之处。就词汇而言，如Bolinger等（1981：127）就曾经认为语言中没有真正意义上的同义词，由于风格、语域、修辞各种原因，词都有自己的个性。这些个性如都属于不可预测性，那就是说所有的词都分别是构式，这样语言中有多少个词就有多少个构式。这岂不是影响语法分析的简约性和概括性？

参考文献

- 董燕萍，梁君英. 走近构式语法 [J]. 现代外语，2002 (2): 142-152.
- 纪云霞，林书武. 一种新的语言理论：构块式语法 [J]. 外国语，2002 (5): 16-22.
- 李淑静. 英汉语双及物结构式比较 [J]. 外语与外语教学，2001 (6): 12-14.
- 陆俭明. 词语句法、语义的多功能性：对"构式语法"理论的解释 [J]. 外国语，2004 (2): 15-20.
- 沈家煊. 句式和配价 [J]. 中国语文，2000 (4): 291-297.
- 石毓智. 汉英双宾结构差别的概念化原因 [J]. 外语教学与研究，2004 (2): 83-89.
- 王惠. 从构式语法理论看汉语词义研究 [J]. 中文计算语言学期刊，2005 (4): 495-507.
- 张伯江. 现代汉语的双及物结构式 [J]. 中国语文，1999 (3): 175-184.
- 张伯江. 论"把"字句的句式语义 [J]. 语言研究，2000 (1): 28-40.
- 中国社会科学院语言研究所词典编辑室. 现代汉语词典（第7版）[M]. 北京：商务印书馆，2018.
- BOLINGER D et al. Aspects of language [M]. New York: Harcourt Brace Jovanovich, 1981.
- FILLMORE C, KAY P., O'CONNOR M. Regularity and idiomaticity in grammatical conditions: the case of LET ALONE [J]. Language, 1988, 64 (3): 501-538.
- GOLDBERG A E. Constructions: a construction grammar approach to argument structure [M]. Chicago: Chicago University Press, 1995a.
- GOLDBERG A E. Constructions: a new theoretical approach to language [J]. Trends in cognitive sciences, 1995b: 219-224.
- JACKENDOFF R. Twistin' the night away [J]. Language, 1997, 73 (3): 534-559.
- KAY P, FILLMORE C J. Grammatical constructions and linguistic generalizations: the What's X doing Y? construction [J]. Language, 1999, 75 (1): 1-33.

三 语言使用建构语言知识[5]
——基于用法的语言观概述

1. 引言

人们日常听到或看到的是语言产品，是人的语言知识或能力的外在表现。索绪尔当年提出了有名的"语言"（langue）和"言语"（parole）之分（Bally & Sechehaye，1959），此后语言使用和语言结构之间的分野一直为美国结构主义语言学所推崇。相应地，以乔姆斯基为首的生成语法学派提出了"语言能力"（competence）和"语言表现"（performance）的对立。他们认为，语言表现，即语言使用，受太多外部因素的影响而带有瑕疵。美国结构主义和生成语法学都把研究语言结构和语言能力作为第一要务，而语言使用则被认为与语法研究无关。

2. 基于用法的模型

然而，即便是在生成语法一枝独秀的时期，也有许多人不约而同关注语言使用对语言表征的影响。将这些研究联系在一起的不仅是语言观，同时也包括研究方法。这些研究大多通过实际使用的语料来考察语言现象。

---

5 原载《解放军外国语学院学报》2010年第6期，1—7页。

美国西海岸有一批学者研究话语对语法建构的影响，如 Talmy Givón、Sandra A. Thompson、Wallace Chafe、John W. Du Bois、Paul Hopper 等。他们聚集在功能－类型研究取向（functional-typological approach）的旗帜下，多年来一直把自然产生的话语奉为圭臬（Givón，1979；Hopper & Thompson，1980；Ono et al，2000）。此外，一些社会语言学学者，如 William Labov、David Sankoff 和 Shana Poplack，在考察语言使用中的变异时，从来也都把自然产生的话语当作语料（Poplack & Tagliamonte，1999；Poplack，2001）。

语法化研究同样重视语言使用，如 Bybee（2003）、Hopper & Traugott（1993）。这些研究认为，语言用例的不断重复是语法意义和语法形式形成的前提。通过考察语法意义和形式随着时间推移产生的过程来解释语法的性质，这类研究是基于用法理论的最佳印证。生成语法对语法的解释以共时描述充分性为目的，而语法化研究追溯语法发生和衍变的过程，通过语言中历时性的积淀来解释语法，独具特色。

美国西海岸功能主义学者认为，研究语言结构离不开使用，语言研究的目标就是观察语言使用对语法的反拨作用。近年来，这一阵营又有了 George Lakoff、Ronald Langacker、Leonard Talmy、John R. Taylor、Gilles Fauconnier、Adele E. Goldberg 等一批认知语言学学者的加盟。

随着大型语料库的建立和语料库方法的发展，从大量语料中挖掘语言使用的倾向性特点、模式乃至规律已经取得长足的进展。语料库语言学学者（如 John Sinclair）、计算语言学学者（如 Dan Jurafsky）以及用概率或随机方法考察语言的学者（如 Janet Pierrehumbert、Rens Bod），他们的研究成果更清楚地揭示了普通人语言经验的性质和范围（Jurafsky et al，2001；Gregory et al，1999；Pierrehumbert，2001；Bod，1998）。以大型语料库为基础的词、短语和结构研究展示了与人们直觉完全不同的分布和倾向。基于大型语料库所做的语音分析显示了形符频率的作用，并揭示了词语和搭配发生语音变异的轨迹。

此外，在语言习得领域，近年来也出现了与上述语言观相容的观点。儿童习得的词汇和结构分布是不均匀的。儿童开始时使用的语法结构往往体现在具体的词项上，然后才逐步泛化至其他词项，最终形成抽象、高度能产的语法

（Lieven et al，2003；Tomasello，2003；Savage et al，2003）。

Langacker用"基于用法的模型"来统称上述研究取向（Langacker，1987，2000）。基于用法的语言观认为，语法是人的语言经验在认知上的组织形式（Bybee，2006）。这里的"语法"是广义的，是"由规约性语言单位组成并具有结构的知识库"（Langacker，2006：44）。

3. 语言知识的建构

语言知识的建构有赖于人所具备的生理条件和基本的认知能力。这是内部条件，而日常大量、反复出现的用例则是外部条件。高频率出现的用例通过人的认知机理形成一系列从具体到抽象的认知结构，叫作"符号结构"（Langacker，2008：5）。

3.1 建构的条件

3.1.1 内部条件：生理条件

人先天就具备学习和掌握语言的生理条件，包括经过长期进化而趋于完美的发音器官以及大脑中掌管语言机能的脑组织。这种先天的生理条件与人能够学习其他知识及掌握动作和运动技能一样，都是长期进化的结果。这里的先天条件不是大脑中预设的某个专用于语言的"装置"，尽管这一"装置"应当作抽象的东西来理解。人脑对学习语言和其他知识，或是掌握动作和运动技能，可以说都有所准备，但只是一张白纸而已。通过后天的学习和训练，人可以学会语言，如有必要，也可以学会天文学或考古学，学会驾驶汽车或飞机。

3.1.2 内部条件：基本认知能力

认知语言学中提到的人的认知能力包括：抽象/图式化、比较/范畴化、固化/自主化、组合、联想/符号化。

抽象是人们发现不同事物之间共同点的认知操作。如人们从各类可分离的单个事物抽象出"一"的概念，从触摸钢铁和石头的手感中抽象出"硬"的概念。语言表述的是概念，概念形成的概念化过程就是抽象的过程。与抽象相关的认知能力叫作图式化，这是忽略细节而只看点、线、轮廓和概貌的认知操作。设想飞机飞向高空，坐飞机的人看到的大地地貌一开始具有丰富的细节，随着高度升高细节逐渐消失，直至只剩下线条和轮廓，这线条和轮廓即图式。图式化与细节化背道而驰，都可以是渐进的过程。图式是认知语言学中的重要概念，如"$V+N_1+N_2$"是英汉语双及物结构的图式。

比较是发现两个事物间异同的认知操作，其中发现差异是主要的。比较往往是单向的，即以一熟悉的事物为标准，将另一事物与之比较。语言学中的范畴化或归类就是一种比较。一个范畴往往有个"原型"成员，是用以确定类别其他成员的参照标准，需要归类的目标与标准进行比较，符合标准所有特征的目标例示（instantiate）这一标准，不完全符合标准的目标是对标准的扩展（extension）。标准即原型与所有目标形成家族。原型、家族及家族相似性是语言范畴的普遍特征。

固化，或称自主化，与传统心理学所说的完形效应相似。研究表明，每次心理事件的发生，都会在心智中留下印迹，并对该事件再次发生时的认知具有促进作用。通过不断重复，即便内部结构极其复杂的心理事件也都能作为整体形成记忆。就语言而言，无论一个结构多么复杂，无论是抽象还是具体，只要发生的频率足够高，都可作为整体在心智中得到表征，其内部结构不再受到关注。英语中的"be going to"在莎士比亚时代与"be journeying to"一样都表示去往某处，但前者的频繁使用不断强化了其中隐含的目的意义，直至这一结构演变为只是表达意图的语法形式，获得了完全的自主性。

组合是指简单结构通过整合形成复合结构的过程。复合结构的意义可能是部分意义之和，但随着复合结构出现频率的增多，它也可能得到固化，具有自主性，其意义极有可能不再是组成部分意义的简单相加。

联想是常见现象。当两事物总是伴随出现时，人们就会建立两者间的联系。与语言有关的联想是符号化。语言单位的形式与意义本无必然的联系，但若使用者发现某一语言形式的出现总是伴随特定的意义，就会在形式与意义之间建立对应关系，并在心智中得到表征。符号表征是固化的结果和体现。人和动物最大的差异体现在是否具有符号行为。人能进行离线思考，可以想象可能发生的事，考虑选择、后果等，都是因为人类具有语言这一符号系统。

在这些认知能力中，固化和符号化多与结果有关，而其余与过程相关。人们在体验语言的过程中，在基本认知能力的作用下，将反复感知的不同表达中的相同之处（包括形式和意义）抽象化，范畴化，最后固化并符号化为一系列的符号结构，或称构式。人类的语言知识是一系列约定俗成、复杂和抽象程度不一的语言构式的有组织的集合。

3.1.3 外部条件：高频率重复的语言事件

人的语言经验包括接触反复出现的语言事件。各种用例高频率地出现，对词汇、结构或语法的形成和表征产生影响，从长远看，对语言变异也发挥了作用。

使用频率在建构语言知识系统的过程中起着关键作用。这里所说的使用频率既指具体用例的高频率使用，即形符频率（token frequency），也指抽象图式类型的高频出现，即类符频率（type frequency）。前者可强化某个词项，如"忽悠"（"用哄骗手段诱导"的意思）因近年来高频率使用已进入汉语普通话，并可能被词典收录。后者如"帮忙""上当""吃亏"等汉语中的离合词，中间可以插入表领属等修饰意义的语法成分，说成"帮德国队的忙""上了老板的当""吃了不识字的亏"。离合词的这种用法在汉语中反复出现，具有很高的类符频率，因此讲汉语的人可以举一反三，创造出像"幽了他一默""着了很大的急"这样新鲜的用例。原本不可拆分的词也被用于离合结构了。这是语言形式高频率使用后产生的类推效应。

3.2 建构的过程

建构的过程显然具有时间维度，此外，语言知识的建构应包括个别和一般两种情况。一般语言事实上是所有个别语言的集成和融合，后者的物质体现就是操该语言的人日常使用的口语（绝大部分不会留下记录），或是见诸各种媒体，包括书面、音频和视频材料中的口语和文字（有记录）。

从社会学的角度看，语言知识可分为个人的和社团的。就汉语而言，狭义的讲汉语的社团涵盖中国，广义的则涵盖整个华语圈。

个别语言和一般语言的建构显然是不同的。个别语言的建构持续人的一生，其间的变化因人而异。学龄前儿童通过听和说，需要几年时间学会表达生活中一般的内容。再从上学接触书面语开始，逐步学会更复杂的口头和书面表达方式和结构。所有这些知识都建立在大量使用和不断强化的基础之上，既包括听和读，也包括说和写。

一般语言是一直存在的，没有从零开始逐步发展的过程。但一般语言建构受个别语言的影响，社团的语言知识在历史的长河中发生着潜移默化的嬗变。社团知识建构受到个人知识的影响，特别是大众喜闻乐见的语言表达式的影响。如果讨论语言使用对社团语言知识变化的影响，通常的话题是词汇化和语法化，前者最短可在数年内发生，后者可能需要几十年、上百年乃至更长时间。

3.2.1 频率效应

语言使用对语言知识建构的影响，迄今讨论最多的是一般的情况，即社会上出现的所有语言用例对社团的语言知识建构的影响。文献中谈到最多的是三类形符效应（Bybee，2006）。

第一类是缩略效应（reduction effect）。词或短语的高频率使用比低频率使用更容易发生语音缩略现象。如"I don't know""I don't think"中"don't"的缩略现象比短语中的更明显，其原因就是"I don't know""I don't think"有极高的使用频率（Bybee & Scheibman，1999）。此外，英语中[t/d]的弱化现象在高频使用的语汇中更为明显，如went、just、and等（Bybee，2000，2001）。原因是，词语发音是中枢神经指挥发音器官所做的习惯性动作，一个语段的高频使用使动作熟练程度大大增强，导致该语段或其中的一部分形成音变或弱化。在汉语中，语音弱化较为明显的体现就是合音以及语素的删减。现代汉语中一些三字和四字短语就是同谓复句发生语音弱化的结果。如"爱怎么VP怎么VP"到"爱怎么（着）怎么（着）"到"爱咋着咋着"再到"爱怎怎""爱咋咋"有一个逐渐简化和弱化的过程（江蓝生，2007，转引自张立飞，2009）。再如，据笔者观察，口语中常听到的"我告诉你"，因较高的使用频率常省略为"我告你"，而且"告"字发生音变。

第二类是保持效应（conserving effect）。这一效应与词的形态句法形式有关。高频序列因经常使用，它们的形态句法形式往往固化程度非常高，即便是能产性很高的结构也不能将其同化。如英语动词有规则和不规则之分，"keep" "weep" 和 "creep" 原来都是不规则动词，它们的过去式分别是 "kept" "wept" 和 "crept"。由于 "weep" 和 "creep" 的使用频率不如 "keep" 高，近年来它们的过去式已出现规则化的趋势，即写成 "weeped" 和 "creeped"；但 "keep" 仍保留了原来的不规则形式。高频率的使用巩固了词或短语的记忆表征，它们是作为整体用于表述过去时的，不大容易与规则动词进行类比从而发生形式上的重构。因此，语言中需要非母语学习者花大力气记住的不规则形式，往往是使用最频繁的。

第三类效应是自主化，即上述固化的一种。这一效应与第二类相联系。因高频率使用，一些原本形态复杂的词语或结构，人们逐渐忘却了它们的内部构造，而是被当作整体，逐渐独立于在词源上相联系的词语或结构。比如一些含派生词缀的词语，其词根与词缀之间的关系不再透明。如 "dislocate" 一词，从形式到意义，英语为母语者都已把它当作整体，不再意识到它是 "dis-" 和 "locate" 的组合和叠加，原本语义透明的词已变得不透明。这一效应也发生在语音领域。历史上 "went" 曾经是 "wend" 一词的过去式，不知是何原因，它增加了使用频率，变成了 "go" 的过去式，以至最终脱离了它派生而来的 "wend"。此外，一些结构语法化的过程也体现了这一效应。如前文所述，"be going to" 原来表示正去往某处的意义，其中各个组成分子对整体意义均有贡献，但现已作为整体主要表示意图，与组成分子的意义已没有联系。而且，因为高频使用，上述第一个效应对它也产生了作用，使它在语音上有所缩略，简化为 "gonna"。

3.2.2 浮现

在内部条件和外部条件的双重作用下，我们形成的概念得以符号化，建立起形式和意义之间的匹配关系。符号化包括词汇化和语法化。基于用法的理论认为，词汇化和语法化大多是一个浮现（emergent）的过程（Hopper，1987）。

浮现指的是自然界或人类社会多个因素相互作用造成随机（stochastic）、

意想不到的结果。在人类社会浮现的某些结果不一定是人们的意图所致。

自然现象如长颈鹿的脖子。长颈鹿的长脖子是生存需要和所处环境交互作用的结果。为了吃到乔木上的树叶，它的脖子在进化中不断向上延伸，直至今天的长度。再如蜜蜂六角形的蜂窝。工蜂将大小大致相等、外裹腊衣的蜂蜜小球不断挤入蜂房，圆形间的间隙逐渐消失最终形成一个个六角形。蜜蜂并没有设计六角形蜂窝的能力。

许多社会现象也呈现浮现特征。如超市各收银台之前等候付款的队伍长度趋于均匀，杂耍班子周围观众围起的圈子趋于规整，即呈圆形，且个子高矮搭配和相互间隔合理。经济学家亚当·斯密（Adam Smith）提出了"看不见的手"的理论，认为市场是调节价格的机制，个人合法的、逐利的行为导致经济繁荣，这一机制不以人的意志为转移（Smith，1776/1976）。

Rudi Keller基于使用的语言变化理论认为，语言变化是日常语言使用的副产品，语言演变中也有一只"看不见的手"在起作用（Keller，1989）。新词语和新结构的产生往往始于某（些）个人的创新用法，然后被众人接受，推而广之，但最终的结果并非创始者的本意。

如自从"水门事件"（Watergate）以后，"-gate"逐渐用在名词后面表示"欲掩盖错误行为的政治丑闻"，例如"Irangate""Camillagate""Wheatgate"，现已成为一个新的后缀。汉语也开始借用"gate"的译名"门"表达影响较大的丑闻。汉语的"秀"源于英语的"show"（表演），现已成为构词能力极强的一个语素，如"走秀""时装秀"。汉语"表演"一词原有"装腔作势、玩花样蒙人"的意思，"秀"也继承了这个贬义，如"作秀""跳楼秀"。

相对于新语素和新词汇的浮现，新的语法结构的浮现要少得多。但汉语语法近年来也在悄然发生变化。如有很多人现在说"联系某某"，而不是"与""和"或"跟""某某联系"，若干年后，后者有可能被前者完全取代。

4. 建构的结果：联通的网络

人类认知的特点是，只要某个刺激足够凸显，引起神经元的反应，且不断反复出现，以至上述反应不断得到强化，这一刺激就有可能进入记忆，成为某个联通的网络的节点。这一节点有多个方向的联通，与多个其他节点发生联系，用通俗的话说，就是可引起多种联想。联通性（connectionism）是心理学的概念，心理实体互相间的联系呈网络状态。这些联通并非固定不变，而是在不断重复的条件下浮现。

就语言而言，在听和读时反复感知到的形式，包括词缀、词及词以上的组合和模式，如与某一意义相关联，或能够完成某个特殊的功能，这些形式就有了凸显性，就容易记住。形式与意义或功能反复共现的结果是符号结构的浮现和固化，以至形成网络上的节点。语言中大小不一、抽象和复杂程度不同的符号结构都是网络上的节点，它们互相联通，按照一定的关系构成语言知识库，并形成犬牙交错的格局。

符号结构之间包括但不限于原型–引申（prototype-extension）、图式–实例（schema-instance）以及允准–继承（license-inheritance）3种关系。

原型–引申关系为大家所熟悉。如果一个范畴可用多个属性来定义的话，原型成员可能具有所有或最多的属性，因此原型是范畴中典型的、最常见、最普通的成员。如"鸟"范畴中的"麻雀"和"黄鹂"。范畴中其他成员具有不同数量的属性，它们从属于该范畴的"典型性"不等，拥有属性多的典型性高，而少的则典型性低。所有具有不同典型性的成员之间具有家族相似性。原型具有最大的典型性，其他成员因典型性的差异从原型引申出去。将成员用线条连接，范畴的所有成员之间会形成辐射状的分布，这样的范畴叫作"辐射网络"。

与非语言类概念范畴一样，语言中很多词和大于词的结构（构式）都形成多义的辐射网络。例如英语的"over"，汉语的"过"。词义的扩展是具有认知理据的，通常是隐喻、转喻或意象图式转换的结果。常用的句型（图式构式）往往也是多义的。它们有一个原型，具有典型意义，在此基础上通过引申，形成扩展意义，扩展义和原型义同样形成辐射网络，如英语和汉语的双及物结构。

图式–实例及允准–继承关系可用图3来说明。

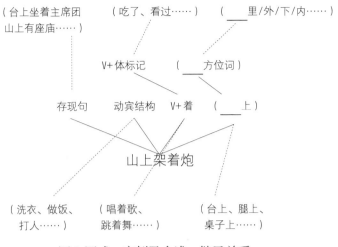

图3.图式－实例及允准－继承关系

　　抽象的结构和句型是语言中的图式，它们有许多实例。如图3中"山上架着炮"是汉语"存现句"的一个实例。这一实例继承了多个"父辈"，包括"存现句""动宾结构""V+着"“____上"，而后两者又有自己的"父辈"，即"V+体标记"“____方位词"。这些"父辈"共同允准了这一句子。图中的虚线表示图式－实例关系。"洗衣""做饭""打人"等是"动宾结构"的实例。"台上""腿上""桌子上"等是"____上"的实例。图3实线和虚线以及它们所联通的节点（包括抽象的图式和具体的实例）体现了汉语母语者语言知识库中围绕"山上架着炮"这一句子的局部网络。实线反映了与该句直接的联系，而虚线则体现了与该句间接的联系。

　　在谈到语言建构的结果时，我们还必须提及有关语言知识形成或语言知识库构造的另一理论：范例表征（exemplar representation）。范例表征同样源于心理学，有多个版本（Nosofsky，1988；Goldinger，1996）。语言学中经常引用的是Johnson（1997）和Pierrehumbert（2001，2002）有关语音变异表征的理论。根据这一理论，每个听到的用例都会被归类，并被纳入一个庞大的组织网络。这种归类活动伴随着语言理解的过程，属于语言解码过程的一部分。该理论一个重要思想是，这种归类对已有的表征产生影响，新的用例不是在解码后被丢弃，而是在记忆中留下印记。尤其是当一个与现存范例相同的用例出现时，这一用例将被映射到已有的用例，使之得到强化。与已有范例不同，但在意义、发音、语用各个方面相似的用例也将成为范例，并存储于相近的范例周围，构成范例的簇群。如同一个词，不同的人，甚至同一个人在不同情况下（如健康时和感冒时）的发音并不完全相同，但这些发音至少是相似的，否则就不会被解读为同一个词。因此，一个词的发音可包括一组相似的语音范例。

范例簇也可能形成层级。一组语音上相似，而且具有同一意义的范例形成簇，在更高一级的层次上表征为一个词或短语。形式上相似并具有语义一致性的短语范例簇将构成高一层次的构式。Johnson（1997）指出，语音范例簇可以表明相邻的语音环境、语义和语用信息及其他语境信息。范例表征可以从语音扩展到语言符号的所有方面。构式是形式和意义的匹配，它们的语形（包括音和形）和意义（涵盖语义和语用）的表征必然是由范例簇构成的。每个范例都在使用者的记忆中留下印记似不可信，但这是事实，否则人类就不会产生记忆。先前的范例哪怕是极其微弱的印记都有助于认知后来相同或相似的范例，反复出现类似的范例是符号化的基础和前提。

要认识范例表征的意义，首先必须突破结构主义和生成语言学带来的有关词库（知识库）的思维定式。生成语言学的目标是要确定哪些特征或形式存储于知识库，特征或形式要么是有，要么是无，语言表征的内容具有清晰的界限。然而基于使用的模式所追求的目标不同。这一模式认为，语言表征的内容与使用者的经验密切相关，具有或然（probabilistic）性，特征或形式从有到无之间是一连续统。一个成年人已有丰富的语言经验，他的语言知识库已经累积了很多范例，只经历一次的新的语言事件对他的知识表征所产生的影响或许不大（但同样的语言事件对一个语言经验很少的幼童来说影响会很大）。比如，笔者偶尔听到学生说："老师，我明天联系你。""联系某某"这一用例对笔者来说是新鲜的，但对脑子里业已存在的"跟某某联系""与某某联系"不会产生大的作用，自己表达同一意思的时候，还是会用"跟或与某某联系"，不大会用"联系某某"。

语言表征的或然观还认为，个别性的存储和概括性的存储是很难区分的。如汉语为母语者既把"宜居"作为一个整体来存储，也分别存储"宜居"的组成分子"宜"和"居"，这就是为什么在听到"宜学""宜业""宜商"时，我们不会感到突兀，因为这些是对"宜居"的类推。

其次，一般认为，人类对经历的事件有惊人的记忆能力。非语言性的记忆既富含细节，涉及面也宽。就语言而言，经常重复的语音串、词语和结构如何得到表征从而进入记忆是值得研究的，但重复对记忆的建构作用是不言而喻的。尽管感知到的很多细节不一定很重要，但它们在我们的脑海中会留下一定的印记。如一个人每天走同一条路上班，几乎每次都见到一只猫。见得多了，他每次经过时就会期待这只猫的出现。然而，记忆也会衰退或消失，假如猫从此不再出现，他有可能最终忘却当初曾经见到它。重复的记忆得到强化，而不重复的记忆逐渐淡出，英语有所谓"out of sight，out of mind"之说。语言现象也是如此。

范例表征理论能帮助我们理解符号结构形成以及随着时间推移而产生变化的原理。概括说来：① 范例表征允许语言用例的特殊信息得以保留，② 范例表征为使用频率决定范例固化强度提供了自然的解释，③ 范例簇群是具有原型特征和家族相似性的类别或范畴。

5. 结语

基于使用的语言观认为，语言知识是在人的生理条件、认知机理和语言事件高频率出现的基础上建构的；语言知识库由大小不一、复杂和抽象程度不同的符号结构构成；这些符号结构都具有形式和意义两极，是在使用中浮现的，并互相联通，构成联通网络上的节点；语言范畴的边界是模糊的，从词汇到语法是一连续统。

基于使用的理论并不排斥常规的组合规则。如语言知识包括词项组合的常规知识以及更高层次的抽象概括（generalizations），但也包括非常规的特例。语言是历史的积淀，与生物的进化不无相似，语言并非人工创制的符号系统。

词汇常规知识来源于日常遇见的大量、反复出现的语言实例和模式。例如英语的lose（丢失）与名词的组合只受限于该名词必须指称有可能丢失的事物。"Lose+名词"因此是一条概括。但是，"lose"与有些名词的组合，如"lose track""lose sight""lose touch"，由于频繁出现，几乎已融合在一起。这些搭配已半固化乃至固化为符号结构，其形式和意义已作为整体得到表征。再如汉语的"有"可与一切可以拥有的东西组合，"有+名词"也是一条概括，如"有罪""有病""有家""有孩子"等。但在大量的"有+名词"这样似乎是动宾结构的语言序列中，有一部分并非动宾结构，而是作为整体相当于形容词。这是一个被称为"有+光杆名词"的构式，与动宾结构的区分是它前面可用"很"修饰，"有"在这里不是一般意义上的动词，后面一般不用体标记"了""着""过"。这一构式表述"有"后面的事物"多"或"好"等正面的意义。

英语的lose短语和汉语的"有"字短语都说明，在一般性概括以外，还有一些特例需要注意，这些特例可以看作是大系统中的子系统。"Lose+名词"的概括以上还有更抽象的概括：动宾结构。汉语也有动宾结构，如果考虑动词和宾语间的语义关系，它的抽象程度比英语更高。例如"吃"加宾语，不仅可以"吃饭"，还可以"吃枪子""吃大碗""吃食堂"。这些用例总有一些很难进行归类，它们是作为特殊范例存入记忆的。

基于使用的理论不排斥常规的组合规则和概括，但它提醒人们语言中有一大块不能用传统规则解释的特例和边缘现象。Langacker曾把语言比作山脉（2008），隆起的是高高低低的山峰，山峰间有坡地，也有平原，山与山以及山与平原的界限模糊，无法截然划分。山峰代表各种范畴的原型，比主峰矮的山峰代表范畴内子范畴的原型。如汉语的双及物结构应是两峰对峙的态势，分别代表"给予"和"获取"，边缘成员包括"喝他一碗酒"这样的用例，这些能否算作双及物结构存疑。

参考文献

- 江蓝生. 同谓双小句的省缩与句法创新 [J]. 中国语文, 2007（6）: 483-576.

- 张立飞. 现代汉语否定构式的认知研究——一项语料库驱动的研究 [D]. 洛阳: 解放军外国语学院博士论文, 2009.

- BALLY C, SECHEHAYE A. Course in general linguistics by Ferdinand de Saussure [M]. BASKIN W(trans.). New York: McGraw-Hill Book Company, 1959.

- BOD R. Beyond grammar: an experience-based theory of language [M]. Stanford: CSLI, 1998.

- BYBEE J. The phonology of the lexicon: evidence from lexical diffusion [M]// BARLOW M, KEMMER S. Usage-based models of language. Stanford: CSLI, 2000: 65-85.

- BYBEE J. Phonology and language use [M]. Cambridge: Cambridge University Press, 2001.

- BYBEE J. Cognitive processes in grammaticalization [M]// TOMASELLO M. The new psychology of language, Vol. 2. Mahwah: Lawrence Erlbaum, 2003: 145-167.

- BYBEE J. From usage to grammar: the mind's response to repetition [J]. Language, 2006, 82 (4): 711-733.

- BYBEE J, SCHEIBMAN J. The effect of usage on degrees of constituency: the reduction of *don't* in English [J]. Linguistics, 1999, 37 (4): 575-596.

- GIVÓN T. On understanding grammar [M]. New York: Academic Press, 1979.

- GOLDINGER S D. Words and voices: episodic traces in spoken word identification and recognition memory [J]. Journal of experimental psychology: learning, memory and cognition, 1996, 22 (5): 1166-1183.

- GREGORY M, RAYMOND W D, BELL A, FOSLER-LUSSIER E, JURAFSKY D. The effects of collocational strength and contextual predictability in lexical production [C]// Chicago Linguistic Society, 1999, 35: 151-166.

- HOPPER P. Emergent grammar [M]. Berkeley: Berkeley Linguistic Society, 1987 (13): 139-157.

- HOPPER P, THOMPSON S A. Transitivity in grammar and discourse [J]. Language, 1980, 56 (2): 251-299.

- HOPPER P, TRAUGOTT E. Grammaticalization [M]. Cambridge: Cambridge University Press, 1993.

- JOHNSON K. Speech perception without speaker normalization [M]// JOHNSON K, MULLENNIX J W. Talker variability in speech processing. San Diego: Academic Press, 1997: 145-165.

- JURAFSKY D, BELL A, GREGORY M, RAYMOND W D. Probabilistic relations between words: evidence from reduction in lexical production [M]//BYBEE J, HOPPER P. Frequency and the emergence of linguistic structure. Amsterdam: John Benjamins, 2001: 229-245.

- KELLER R. Invisible-hand theory and language evolution [J]. Lingua, 1989 (77): 113-127.

- LANGACKER R. Foundations of cognitive grammar, Vol. 1. Theoretical prerequisites [M]. Stanford: Stanford University Press, 1987.

- LANGACKER R. A dynamic usage-based model [M]// BARLOW M, KEMMER S. Usage-based models of language. Stanford: CSLI, 2000: 1-63.

- LANGACKER R. Cognitive grammar: introduction to concept, image, and symbol [M]// GEERAERTS D. Cognitive linguistics: basic readings. Berlin: Mouton de Gruyter, 2006: 29-67.

- LANGACKER R. Cognitive grammar: a basic introduction [M]. Oxford: Oxford University Press, 2008.

- LIEVEN E, TOMASELLO M, BEHRENS H, SPEARES J. Early syntactic creativity: a usage-based approach [J]. Journal of child language, 2003 (30): 333-370.

- NOSOFSKY R. M. Similarity, frequency and category representation [J]. Journal of experimental psychology: learning, memory and cognition, 1988 (14): 54-65.

- ONO T, THOMPSON S A, SUZUKI R. The pragmatic nature of the so-called subject marker ga in Japanese: evidence from conversation [J]. Discourse studies, 2000 (2): 55-84.

- PIERREHUMBERT J. Exemplar dynamics: word frequency, lenition and contrast [C]// BYBEE J, HOPPER P. Frequency and the emergence of linguistic structure. Amsterdam: John Benjamins, 2001: 137-157.

- PIERREHUMBERT J. Word-specific phonetics [M]// GUSSENHOVEN C, WARNER N. Laboratory phonology 7. Berlin: Mouton de Gruyter, 2002: 101-140.

- POPLACK S. Variability, frequency and productivity in the irrealis domain of French [M]// BYBEE J, HOPPER P. Frequency effects and emergent grammar. Amsterdam, Philadelphia: John Benjamins, 2001: 405-428.

- POPLACK S, TAGLIAMONTE S. The grammaticization of going to in (African American) English [J]. Language variation and change, 1999 (11): 315-342.

- SAVAGE C, LIEVEN E, THEAKSTON A, TOMASELLO M. Testing the abstractness of young children's linguistic representations: lexical and structural priming of syntactic constructions? [J]. Developmental science, 2003 (6): 557-567.

- SMITH A. An inquiry into the nature and causes of the wealth of nations [M]. Chicago: University of Chicago Press, 1976. Reprint of the 1776 edition.

- TOMASELLO M. Constructing a language [M]. Cambridge: Harvard University Press, 2003.

第二部分

英汉语对比

导　言

　　对比分析或对比语言学在国际上属小众研究领域，发轫、发展于欧洲，在美国并不受重视。国际上，涉及多语言比较的类型学才是显学，对比语言学可以说是它的一个分支。语言之间的对比研究最初以翻译和教学等应用为目的，后续的发展在理论和方法上得到了拓展。对比研究可从形式主义、功能主义或认知语言学等不同的理论角度进行。这些理论范式丰富了对比语言学。

　　对比语言学在中国大受欢迎，研究者众多，成果丰硕。成立于1994年的中国英汉语比较研究会是在民政部注册的国家一级学术团体，拥有数百名以高校教师为主的会员。对比语言学之所以在中国蓬勃发展，一是历史的原因使然，如前文所说，中国的语言学理论受国际语言学、特别是英美语言学理论的影响颇深，考察汉语往往以英语为蓝本进行比较；二是因为英汉或汉英对比分析有着教学和翻译方面的实际用途；三是因为英汉两种语言在语音、音系、词法、句法方面确有很多值得对比的地方，而且涉及汉语的对比研究能够彰显国际普通语言学理论的不足。

本书这一部分的3篇文章，以英汉语为例，阐释了伦纳德·泰尔米（Leonard Talmy）的宏事件以及动词/附加语框架语理论，并进行了两种语言之间的对比。第一篇文章发表于1998年，当时认知语义学在国内尚属新晋理论。

泰尔米是认知语义学巨擘。他发现了具有共同抽象结构的五类框架事件：运动事件、体相事件、状态变化事件、共时事件和实现事件。这些框架事件含"凸体""衬体""动作过程""系联功能"4个主要语义成分。支持框架事件的是副事件，其中含"方式""原因"等语义成分。泰尔米提出，语言在表达这些语义成分时，采用的词汇化模式不尽相同。如有的把动作过程和动作方式融合成一个词表达，有的则用不同的词分开表述。

《运动事件的词汇化模式——英汉比较研究》比较英语和汉语有关运动事件的词汇化模式。考察发现，英汉使用的手段相似，如英汉动词都同时表达"动作+方式"或"动作+原因"，体现了语义融合（semantic incorporation）。此外，英汉语都用附加语表达运动的路径。这些说明，从类型学角度看，英汉语同属附加语框架语（satellite-framed language）类型。总的来说，英汉在运动事件词汇化模式上有若干相似的地方，然而在子系统或细节上则有差异，如并非所有兼表动作和方式或原因的英语动词在汉语中都有对等词，有些是需要分开表述的。此外，表路径的汉语附加语还明确指示了方向，如"来"和"去"，而英语的这种意义是隐含的，并未有显性的表达。

这篇文章是国内最早介绍泰尔米有关运动事件论述的文章。根据中国知网显示，截至2019年10月5日，这篇文章共被引166次，被下载1 745次，其中被中国知网收录的博士和优秀硕士论文分别引用27次和60次。

《英汉语表达"实现"意义的词汇化模式》比较英语和汉语表达"实现事件"的词汇化模式，有如下发现：① 英语趋向于更多地在动词中表达"实现"义，而汉语则是在附加语中表达"实现"义。② 汉语动补结构中的补语成分都具有实义和虚义两种用法，虚义成分的功能是补足或确认前面动词未尽的完成义；实义的成分有独立的意义。③ 汉语的动补结构是"构式语法"意义上的一种"构式"。它的构式效应使得原本具有完全完成义的动词也需用上补语。④ 现代汉语的单音节属性和双音节化特点有助于形成匀称的"动+补"结构并影响动词语义的演变。

根据中国知网显示，截至2019年10月5日，这篇文章共被引92次，被下载1 590次，其中被中国知网收录的博士和优秀硕士论文分别引用16次和34次。

《表状态变化句子的共核：变化复合体》一文综合几家理论，阐释状态变化事件。文章提出的主要命题是：英语和汉语表达状态变化的句子都含"变元"和"变化复合体"。变元是发生状态变化的主体，变化复合体由"变元+变化结果"构成。变化复合体构成这类句子的核心信息，是它们的共核和常项。

近年来笔者关注汉语动结式，已发表了3篇文章，这篇是其中之一，本书第三部分中《论汉语带"宾语"自致使动结式》是另一篇。本篇主要是以英汉语为例，论证"变元"和"变化复合体"是所有状态变化句不可或缺的核心内容。前者是它们特有的语义角色，后者是它们专属的语义结构。这些是笔者提出的概念。菲尔墨、兰盖克、珀尔马特和泰尔米从不同角度论证了同一现象，汇聚的理论印证了笔者的观点。可以断言，不仅是英语和汉语，其他所有语言，凡表达状态变化的句子都含变元和变化复合体。

因近期才发表，根据中国知网显示，从2019年1月份发表到10月5日，这篇文章被下载了118次。

四　运动事件的词汇化模式[6]

——英汉比较研究

1. 引言

用各类形式表达语义是语言的词汇化过程（lexicalization）。对同一个语义范畴，不同的语言往往采取不同的词汇化模式，有异曲同工之妙。本文援引伦纳德·泰尔米（Leonard Talmy）宏事件理论（Talmy，1985，2000），就运动和状态这一语义范畴对英语和汉语的词汇化模式做一个初步的比较。

2. 语义成分与表达形式

比较任何语义范畴的词汇化模式，首先要做两件事：一是剖析这个语义范畴，看它包含哪些语义成分；二是考察有哪些形式类表达这个语义范畴（Talmy，2000）。这些形式类最小的是语素，最大的是词组。仅考察词这一级，跨语言的比较是不可能的。

我们先看语义。运动和状态这两种现象合称为"运动事件"（motion event）。运动和状态是相对的，运动的结果是静止的状态，因此我们把它们合

6　原载《解放军外语学院学报》（该学报自1999年第1期起改名为《解放军外国语学院学报》）1998年第6期，8—12页，现略有修改。

起来探讨。最基本的运动事件包括两个物体：一是"凸体"（figure），它是运动的主体；另一个是"衬体"（ground），它是"凸体"的参照物。"凸体"相对于"衬体"运动或静止，这两种现象是运动事件的两个方面。此外，描述运动事件我们还需要引入"动作"（motion）和"路径"（path）这两个概念。"动作"指运动本身，它有"移动"和"处所"两个值。"路径"是"凸体"运动时的路线或静止时所占据的位置。

"凸体""衬体""动作"和"路径"是运动事件的4个组成部分。这4个要素以外，运动事件的发生还可能有前因后果，事件的发生更有不同的方式。这些是运动事件附带的特征。它们包括"方式"（manner）、"原因"（cause）、"结果"（result）、"目的"（purpose）、"态"（aspect）等。所有这些语义成分都需要用语言形式来表达。以英语为例，见表2。

表2. 运动事件举例

	方式	原因
移动	The pencil rolled off the table.	The pencil blew off the table.
处所	The pencil lay on the table.	The pencil stuck on (to) the table (after I glued it).

在这几个句子中，"pencil"是凸体，"table"是衬体，"off"和"on"表达路径，分别表示路线和位置。从横向看，上面的句子表示移动，下面的句子表示处所。从纵向看，"rolled"和"lay"不仅表示动作，还描述方式。"blew"和"stuck"除了表示动作，还说明了原因：是"流动的风"使"铅笔掉在了地上"；是"我用胶水"使"铅笔粘在了桌上"。

再看表达这些语义成分的形式类。一类显然是动词本身，即词根动词，其余是动词的辅助成分，包括词缀和动词的附加语（satellite）。运动事件的有些特征有时是用动词以外的辅助成分来表达的。词缀是许多语言共有的现象，汉语中的"亚"（"亚健康""亚热带"）、"性"（"弹性""危险性"）等算是近似物。动词的附加语包括英语中的小品词和汉语中称作趋向动词的形式类。用附加语这一术语是为了便于进行跨语言的比较。这类比较有必要建立超出具体语言的分析框架。

动词、动词的附加语以及词缀这3个形式类构成了动词复合体（verb complex）。任何语言都有动词，因此可以说任何语言都有动词复合体。运动事件的基本要素和附属性质都可在其中得到体现。

至此我们有了两个集合，一个是语义成分的集合，另一个是表达形式的集合。词汇化过程就是这两个集合之间的映射过程。不同的语言有不尽相同的映射方式，形式和语义的对应关系在语言间是有差异的。

在动词复合体中，动词是表达运动事件的主体。它主要表达动作（或状态）这一核心意义，有时还兼表一两个其他要素和特征。但是动作以外的意义，很多是由附加语和词缀来表达的。

动词"兼职"表现运动事件的原因、方式或路径等，集两个甚至多个语义成分于一身，这种现象叫作"融合"（incorporation）或"合并"（conflation）。例如，动词的意义可融合动作和路径两个成分，反过来说，这两个语义成分合并由动词一身来表达。英语中"bring"和"take"的语义就体现了融合，因为它们既表达了动作，又隐含着动作的方向，即前文所说的路径。相应的汉语译文可清楚地表明这种融合："bring"——"拿来、带来"，"take"——"拿走、带走"。汉语的主干动词"拿"和"带"只表示动作，表示方向的"来"和"走"属于附加语，不属于动词本身。由此可见，相同的语义有不同的表现方式，这就是词汇化模式的差异。除了动作和路径的融合以外，还有其他形式的融合，有的融合甚至包含两个以上的语义成分。英语中有一小类施动性动词（agentive verbs）就是如此，如动词"shelve"和"box"等就同时表达衬体、路径和动作。它们的意义从汉语译文可以看得很清楚："I shelved the books"——"我把书放到书架上"；"I boxed the apples"——"我把苹果装进盒子里"。再比如动词"powder"和"scale"，它们将凸体、路径和动作融合于一身，例如"She powdered her nose"："她往鼻子上抹粉"/"她把粉抹在鼻子上"/"她在鼻子上抹粉"。"I scaled the fish"："我刮掉鱼鳞"/"我刮鱼鳞"。这些例子表明，汉语在表达相应的意义时，常将对方的合成意义分解，分别表达各个语义成分，从形式上看更为透明。

3. 英汉词汇化模式比较

考察运动事件的词汇化模式，我们关心的是动词的主流，并参照最普通最基本的用法，如口语中的用法。总的来说，英汉在这方面的词汇化模式有若干相似的地方。然而在细节上，在子系统上，在具体的词汇对等方面，则有差异。

3.1 英汉动词都同时表示动作+方式或原因

根据语言类型学家的研究，世界上所有的语言在动词语义融合方面可以穷尽无遗地分为三大类型。第一类由西班牙语为代表，它们的动词兼表动作和路径。第二类语言包括绝大多数印欧语和汉语，它们的动词同时表达动作与方式或原因。第三类包括北美一些印第安语言，如Navajo，它们的动词同时表达凸体和动作（Talmy，1985）。以上分类主要以表达运动事件的动词的主流为依据。在具体的语言中，不排除少量动词的用法与主流不合，具有其他类型的融合方式。英语和汉语一样，它们的动词同时表达动作+方式或原因。下面我们举一些例子，并无穷尽的意思。动作包括处所和移动，我们分别来看。

处所+方式：stand、lie、lean、hang

移动+方式：

        非施动性：slide、roll、bounce、swing、creak、swirl、squeeze

        施动性：slide、roll、bounce、twist、pop

        自动性：run、limp、jump、stumble、rush、grope、wear

移动+原因：

        非施动性：blow、pull

        施动性：push、throw、kick、blow、flick、chop、saw、knock

处所+方式：立、竖、挂、靠、倚、躺、浮、悬

移动+方式：

        非施动性：滑、滚、溜、跳、弹、漂

        施动性：滚、拍、挤、拧

        自动性：跑、跳、冲、奔

移动+原因：

       非施动性：推、拉、吹

       施动性：推、拉、扔、摔、扛、踢、吹、弹、砍、锯、敲

下面我们用句子来说明：

处所+方式：

      （1）The lamp stood/ lay/ leaned on the table. ／灯立/*摆/靠在桌上。

移动+方式：

非施动性：

      （2）The rock slid/ rolled/ bounced down the hill. /石头滑/滚/*跳动着下了山。

施动性：

      （3）I slid/ rolled/ bounced the keg into the storeroom. /我把酒桶＿＿＿/滚/＿＿＿进了酒窖。（"＿＿＿"表示需用其他方式来翻译）

自动性：

      （4）I ran/ limped/ jumped/ stumbled/ rushed/ groped my way down the stairs. /我跑/*一瘸一瘸/*跳动着/*跌跌绊绊/冲/*摸索着下了楼梯。

移动+原因：

非施动性：

      （5）The napkin blew off the table. /餐巾（被）吹下了桌子。

施动性：

      （6）I pushed/ threw/ kicked the keg into the storeroom. /我把酒桶推/扔/踢进了酒窖。

以上所有的英语句子，动词都融合了移动（处所）与方式或原因。这种融合其实是可以分解的。比如例（6）就可以分解为"I moved the keg into the storeroom by pushing/throwing it/ kicking it"。带星号的汉语句子与英语的词汇化模式有不同。例（1）中的"摆"（也可用"放"或"搁"），不像英语的"lay"（原形"lie"）或汉语的"立""靠"那样可以用来表示方式。例（2）中的"蹦着滚"对英语"bounced"一词的意义略有分解。例（4）中带星号的句子更是将动作的方式全部分离了出来，汉语缺乏与英语相应的动词。同样，例（3）中空缺处表明汉语无法用单一对应的词来表达原意。这些都说明，尽管从整体上看两种语言融合方式相同，到有些具体的动词上，还是有差异。

3.2 英汉都用附加语表达路径和方向

介词是英语中用得最多的形式类之一，表达空间意义是介词的主要功能之一。绝大多数英语介词同时又可兼作副词，又叫作小品词。它们再加上少量副词，用于表达处所和方向，即前文所说的路径。汉语中相应的形式类是表示趋向意义的一个动词的子类。它们不是严格意义上的动词，事实上总是充当动词的配角，但其用法非常广泛，几乎可以和所有的动词搭配使用，到处可见它们的身影。

英语小品词和汉语趋向成分在表示动作路径的功能上具有相当高的一致性。试比较：

（7）I ran in. / 我跑进去。

I ran out. / 我跑出来。

I got on. / 我上去了。

I got off. / 我下来了。

She came over. / 她过来了。

It toppled over. / 它倒下了。

It flew up. / 它飞上去了。

It flew down. / 它飞下来了。

I went above. / 我走到上面去。

I went below. / 我走到下面去。

He ran through. / 他跑了过去（从内部穿过）。

He ran across. / 他跑了过去（从表面越过）。

He ran along. / 他跑开了。

He ran around. /* 他绕着跑。

He ran past/by. / 他（从旁边）跑过去。

He ran away. / 他跑开了 / 他跑走了。

He ran back. / 他跑回来 / 去了。

She came forth. / 她走向前来。

　　仔细分析这些句子，我们不难发现英汉之间并非全是一致的对应，即动词对动词，附加语对附加语。上面"我上去了""我下来了""她过来了"三例中的"上去""下来"和"过来"既是附加语又是动词。此外，汉语不仅表示"进""出""回"等概念，而且还需根据不同的情况说明方向，即离说话者而去还是朝说话者走来。这个方向意义在英语中是隐含的或者由动词表达。英语附加语"in""out"和"back"分别与"进去 / 来""出来 / 去"和"回来 / 去"对应。再者，上面带星号的汉语句子不用趋向成分表示路径。对照译文和原文我们还能发现，汉语在表达路径方面不如英语精细。有些趋向成分必须在有上下文的情况下才能确定真正的意义，如"过去"。笔者（1990）对英语和汉语在空间意义编码方面的差异已有所论述。

3.3 英汉都用附加语补充"体"范畴的描写

　　"体"（aspect）即"时体"，指的是"动作在时间向度上的分布模式"（the distribution pattern of action through time），如是一次完成还是重复进行的动作，是稳定不变的状态还是渐进的变化等。许多语言都用动词的附加语来补充描述动作的"体"，英语和汉语也不例外。这两种语言所使用的附加语即上面讨论过的小品词和趋向成分，英语还包括了少量的词缀（语素）。用附加语描述的"体"丰富了时体范畴的内容，实际上结合了方式、意图、时量等其他因素。请看表3和表4。

表3.英语表示"体"的词缀和附加语

re-/over 重做	When it got to the end, the record automatically restarted / started over from the beginning.

on	不停地做	We talked/worked on into the night.
	中断后继续	She stopped at the gas station first and then she drove on from there.
	不顾反对继续	He was asked to stay on the other side of the door but, adamantly, he barged on in.
away	忘情继续	They gossiped away about all their neighbours.
	尽可开始和继续	"Would you like me to read you some of my poetry?" "Read away!"
along	在过程中继续	We were talking along about our work when the door suddenly burst open.
off	逐一做 / 发生	I read/checked off the names on the list.
out	完成、实现	I will figure it out myself.
up	走完过程进入某个状态	The log burned up in two hours.

表4. 汉语表示"体"的趋向成分

上	起始	他又抽上烟了。
上来	实现	这段话我翻译不上来。
下	完成	你们先办下几所学校。
下来	完成	汽油不多了，连半个小时也飞不下来。
	继续到现在	这个遗址费了好大的劲才保留下来。
	逐一做	按笔画把名字排下来。
下去	继续到将来	这电视节目不能再让他们看下去了。
	从此继续 / 中断后继续	你接着在我后面排下去吧。
出	完成、实现	张师傅带出了几个好徒弟。
出来	完成、实现	那几个房间都得布置出来。
	达到成功	这只信鸽已经飞出来了。
过来	恢复正常状态	刚做完手术，一时还醒不过来。
起	起始	我一想起这些问题就头疼。
起来	完成	那几篇手稿我已经留起来了。
	起始	他拿过尺子就量了起来。
开	起始	他迷信开中医了。

　　英语和汉语都用表达处所和方向的形式类来帮助"体"的描写，有些用法似乎有比喻或象征意义，比如英汉都用"出来"的概念表示完成和实现；再比如汉语用"起"——向上的趋势——表示起始态，英语的"up"也有类似的用法，如"bring it up"。但是，总的说来英汉之间少有一一对应的关系（见表5），这可能反映了讲这两种语言的人在认知和文化上的差异，对此还需要深入探讨。

表 5. 英汉用方所形式类表达"体"的比较

体	英语	汉语
继续	on、away、along	下来、下去
起始，发生	away、up	上、开、起、起来
完成，实现	up、out	下、起来、出、出来
逐一做来	off	下来

4. 结语

进行英汉比较研究或对比研究的基础是语义。两种语言表达同样的内容，只是在使用的形式上有差异，语义因此是比较的前提。进行词汇化模式的研究，就是把语义作为常量，分析出各种语义成分，然后考察语言怎样用相似或不同的形式来表现它们，从中找出规律性的东西。

跨语言词汇化模式的比较是一个广泛的领域。仅是动词的词汇化模式就有一些值得深入探讨的课题。本文只是初步的尝试。

参考文献

- 严辰松. 汉英词汇透明度比较 [J]. 解放军外语学院学报，1990 (3): 2-8.

- TALMY L. Lexicalization patterns: semantic structure in lexical forms [M]// SHOPEN T. Language typology and syntactic description 3: grammatical categories and the lexicon. New York: Cambridge University Press, 1985: 57-149.

- TALMY L. Toward a cognitive semantics, Vol. 2 [M]. Cambridge: MIT Press, 2000.

五　英汉语表达"实现"
意义的词汇化模式[7]

1. 引言

Leonard Talmy 论及的五类框架事件（framing event）之一是"实现"。语言在描述动作行为时，其中一个重要的方面是表达其"实现"或"完成"的程度（Talmy，2000）。

框架事件是 Talmy 认知语义学的重要概念之一。Talmy 从他称之为"事件"的语义范畴出发，考察其组成成分与表达形式之间的关系，探讨形式表达语义的方式，即语言的词汇化模式。最有名的是他对"运动事件"的研究（Talmy，1985，1991，2000）。简略地说，像"he blew the pencil off the table"这样一个运动事件，其中关键的部分，即框架事件，是"铅笔掉下了桌子"（"the pencil moved off the table"）。是"什么原因"使铅笔掉下桌子或铅笔"怎样"掉下桌子是伴随的状况，可称为"副事件"（co-event）。而这类框架事件的语义核心，是"off the table"所表达的"路径（path）+衬体（ground）"，即"掉离桌子"这一事实。

从认知的角度出发，Talmy 认为包括"实现"在内的其他四类事件与运动

7　原载《外国语》2005年第1期，23—29页，现略有修改。

事件具有相同的概念化模式（Talmy，2000）。[8]"实现事件"是"事物通过行为实现目的或结果"，即事物通过一种转换（transition，类似运动事件中的"移动"）达到目的或结果。这一框架事件的核心是"实现"，即"完成转换达到结果"，相当于运动事件中的"移动到达目的地"。Talmy指出，"实现"意义涵盖了"状态变化"（Talmy论证的另一框架事件），如"washed my shirt clean"意思是说，"衬衣经历了从脏到干净的转变"（Talmy，2000）。笔者认为，运动事件所表达的最终结果"到达""离开""进入"等，同样也是"实现"，如"The dog pulled the bone loose（from the socket）.""She poured in the egg mixture."等。"实现""状态改变""到达"等在意义上的关联是它们具有相同概念化模式最好的印证。

本文将结合Talmy（2000）有关"实现"框架事件的论述，重点考察英语和汉语"施动致使结果"的词汇化模式。

"施动致使结果"中的施动，指的是施事（动作主体）有意施行某一动作或行为，有别于非施动和自动。汉语典型的施动性动词如"掐""踢""砍"，非施动性动词如"滑""滚""漂"，自动性动词如"跑""跳""奔"。有些动词可兼有几个功能。施动性动词是及物动词，其动作作用于受事，后者可以是有生命的人或动物，也可以是无生命的物体。施动性施事和受事是语言中最典型的语义论元，它们构成的句子也是语言中最典型的结构之一。

施事的动作或行为，有的有意图，即具有明显的目的，有的则具有隐含、潜在的目的。动作达到的目的或结果可与动作在语义上有密切的联系，与原先的意图一致。如"kill"的目的是"致死"，"wash"的结果应是"干净"。然而动作和行为也会达到超越意图以外的结果，这样的结果Talmy称之为"继发事件"（further event）。"实现"的概念也包括这些结果的达成。

下面我们来看"实现"作为一个语义范畴涵盖的内容及其表现形式。这些语义成分可由动词词根（verb root）表达，或与Talmy称之为附加语（satellite）

---

8 除了本文提及的"运动""状态变化""实现"事件以外，其余两类是"体相"（aspect）和"共时"（action correlation）事件。

的形式类共同表达。动词词根和附加语构成动词复合体（verb complex）。英语中的附加语有介词、介副词和词缀；汉语中的附加语则是动趋结构中的趋向成分，或动结结构中的结果成分。

2. 英语表达"实现"的四种方式

Talmy（2000）以英语为例，考察了表达"实现"意义的四类"动词+附加语"形式。我们逐类来看。以下有序号的例子均摘自Talmy（2000），笔者略有改动。

（一）自身完成义动词（intrinsic-fulfillment verb）+继发事件附加语（further-event satellite）

自身完成义动词：动作

附加语：动作引起的状态改变（继发事件）

（1）a. I kicked the hubcap.

b. I kicked the hubcap flat.

在这一类中，动词的语义只覆盖了动作本身，如果施事是有意图的，意图也不超出动作的范围。至于动作所引发的结果，并不包含在动词的语义之内。（1b）的附加语实际上是一种语义上的增益（semantic increment），"flat"所表述的最终结果——"（毂盖）瘪了"——是句子语义核心所在。

其他例子如"The farmers chased the visitors away.""The coin was melted free（from the ice）.""The glaze was baked fast（to the clay）."等。

（二）未尽完成义动词（moot-fulfillment verb）+完成义附加语（fulfillment satellite）

未尽完成义动词：动作+目的

完成义附加语：达到目的

（2）The police hunted the fugitive down.

这类动词的语义不仅覆盖动作本身，而且进一步延伸，如果施事是有意图的，这一意图可包括拟达到的目的或结果，至于后者实现与否则未定。外加的附加语表示拟达到的目的或完成的结果已经实现。与第一类附加语不同的是，本类型的附加语的语义不是独立的，而是依附于动词的意义，是对后者意义的补足。

英语中的"hunt"表达一种无界的（unbounded）动作，虽然本身不含达到目的义，但却包含了拟达到的目的的含义："hunt"的目的就是"获得"。增加附加语"down"以后，表明目的达到。这时整个事件表达一种有界的（bounded）意义。我们可用表示时段和时点的状语来检验。

（3）a. The police hunted the fugitive for / *in three
　　　　days (but they didn't catch him).

　　　b. The police hunted the fugitive down in / *for
　　　　three days.

其他例子如"She called him up.""The boy ate the food up."等。

（三）蕴涵完成义动词（implied-fulfillment verb）+确认附加语（confirmation satellite）

蕴涵完成义动词：动作+目的+蕴涵达到目的

确认附加语：确认达到目的的蕴涵

（4）I washed my shirt clean.

这类结构中的动词语义同样延伸至动词以外。与上一类不同的是，动词本身已经隐含了结果或目的已实现的意义，附加语用来确认动词中蕴涵的"实现"意义，从而更加明确。值得注意的是，在没有"确认附加语"的情况下，动词隐含的"实现"意义是可以取消的（defeasible）。如在一般情况下，英语中的"I washed my shirt."表明我已将衬衣洗干净，即"wash"的目的已经达到。然而这一蕴涵可以取消："I washed my shirt, but it did not come out clean."。在添加附加语"clean"后，可进一步确认衣服洗干净的蕴涵义，如例（4）。

（四）完全实现义动词（attained-fulfillment verb）+赘语附加语（pleonastic satellite）

完全实现义动词：动作+目的+达到目的

赘语附加语：达到目的

（5）a. They drowned him.

b. *They drowned him <u>dead / to death</u>.

与（二）（三）两类相同的是，（四）类动词的语义也包含动作和目的两个成分；不同的是，前两类一含"未尽完成"，一含"蕴涵完成"，而（四）类动词还包含"达到目的"的意义，表示"完全实现"，不再需要附加语来补充说明或确认，在英语中尤其如此。例（5）"drowned"不仅表示了动作"使浸没在水中"，还十分明确地表达了"死亡"的结果。因此例（5b）的附加语是多余的。

动词"drown"在语义上融合了两个相互联系的事件。"drown"中的"使浸没"相当于一个自身完成义动词，结果"死亡"则可看作"继发事件"。因此，"drown"表达的内容既可看成一个整体，也可看作两个相互联系的子事件。汉语的译文"使淹死"清楚地表明了两个子事件，可见汉语是用分析的方法表达整个宏事件的。

以上表明，"实现"事件的语义构成可分解为："动作""目的""达到目的""蕴涵达到目的""确认达到目的的蕴涵"以及"继发事件"。英语的动词和附加语在表达这些语义成分时，有各种组合方式。

自身完成义动词和完全完成义动词具有共同点：施事的意图都仅限于动词语义本身。因此，它们可统称为"完成动词"，具有自足的"实现"义。事实上，如何将具体的动词归入这两个类有时不易做到。有的动词可以兼类。如例（1a）中的"kick"可看作是完全完成义动词，而例（1b）中的"kick"则可视为自身完成义动词。

未尽完成义动词和蕴涵完成义动词的共同点是：施事的意图都超越动词语义之外，与"完成动词"不同的是需要附加语补足或确认"实现"义。它们可合称为"意动动词"（conative verbs）。

Talmy还注意到，英语中协助表达"实现"义的附加语有两类，具有不同的语义性质。像"clean""flat""loose""away""in"等附加语描述"继发事件"，与动作的意图和受事的状态有密切的语义上的联系。另一类如"hunt down"中的"down"，"call up"中的"up"没有实在的语义，与动作的意图和受事的状态无密切的联系（除了个别比喻的用法）。它们是标记"实现"的抽象符号，用以补足动词的完成义或确认所蕴含的完成义。Talmy认为，它们是"实现"这一语义范畴存在的最好佐证（Talmy，2000：266）。

3. 汉语表达"实现"的方式：动补结构

Talmy认为，汉语是典型的"附加语框架语"[9]，"实现事件"的语义核心"实现"主要由附加语表达；汉语中缺乏完全完成义动词，大量的动词都是未尽完成义或蕴涵完成义动词。例如，与英语自身完成义动词"kick""open""kill"对应的"踢""开""杀"都不具有完全的"实现"义，必须添加"着""开""死"才能表达完整的"实现"（Talmy，2000：272）。如：

　　　　　　（6）a. 我开了门（但门没有开开）。

　　　　　　　　　b. 我杀了人（但是没杀死）。

　　　　　　　　　c. 我踢了他（但是没踢着）。

这就是说，这些动词需要附加语来补足或确认"实现"义。在英语中原来作为整体指称的一件事，在汉语中被概念化为两个部分。换句话说，相同的语义空间，英语指涉为一个整体，而汉语则指涉为两个部分，如"kick=踢+着""open=开+开""kill=杀+死""cure=治+好"。

笔者认为，Talmy认为"踢""开""杀"等不具备完全"实现"义的说法是有问题的。"我开了门""我杀了人""我踢了他"在一般情况下，应视为完全的"实现"。只是与相应的英语动词相比，"开""杀""踢"所含"实现"义是可以取消的，例（6）包含后续部分的各句都成立。

汉语中的补语实际上"消减"（resect）了这些动词原有的完全完成义，使之成为未尽完成。英语中也有完全完成义被消减的情况，Talmy（2000）举了

9　简略地说，"附加语框架语"（satellite-framed language）是一种语言类型，相对于"动词框架语"（verb-framed language），前者用附加语、后者用动词词根表达上述框架事件中的语义核心，如"路径+场景""实现"等。

下面两组例子，b组的at短语消减了"kick"和"grasp"本具有的完全完成义：

（7）a. I kicked him. / I grasped the rope.

b. I kicked (out) at him. / I grasped at the rope.

此外，Talmy（2000）还指出，英语中的进行时态可消减动词的完全完成义，如"I was opening the door when I heard the scream."。在"I"听到尖叫声的那一刻，门显然还没有完全打开。

就总体而言，如同运动事件的"路径"一样，汉语中的"实现"主要是通过动词复合体中的附加语来表述的。这一动词复合体就是汉语中的动补结构。附加语即补语。汉语的动补结构语义丰富，高度能产，然而内部结构非常复杂。本文涉及的是"施动性动词+表示结果的补语"。从语义关系上看，补语表示动作的结果，动词表示造成结果的原因。

我们先看动词。

汉语中具有自身完成义的动词包括"捅""掐""碾""撞""摔""敲""撬""踢""砍""踩""解"等。这类动词后面携带的补语是继发事件，表示前面动作引起的结果，通常是状态的改变，如"捅死""掐掉""碾坏""撞破""摔烂""敲响""撬开""踢进"。

未尽完成义动词有"找""搜""抓""捉""买""租""偷""想""听""看""猜"等。这些动词需要用附加语表示拟达到的目的，如"到""见""着""住""上""下""中"等。

蕴涵完成义的动词有："洗""煮""炒""蒸""熨""沤""晒"等。很多动词蕴涵完成的意义，如"洗"→干净，"煮"/"炒"/"煎"/"蒸"→熟，"晒"→干。添加"干净"等词或"好""完""成"等作为附加语可确认动词所蕴含的完成义。

笔者认为，现代汉语仍有许多表示完全完成义的动词，如前文的"杀""开""踢"等。只不过这些动词现在也可用作"意动动词"，用后面的附加语补足"实现"意义。

现代汉语几乎没有从不需要附加语协助表达"实现"的完全完成义动词。[10]
古汉语中具有自足完成义的动词，现在一般都需要添加附加语补足完成义，例如"举（起）""扬（起）""抬（起）""阻（止）"。

再看汉语的附加语。

汉语中表示"实现"义的附加语，首先想到的是"了"。"了"确实含有"实现"的意义，如"他把人杀了"中的"了"应看作表达"实现"义，因为作为一种构式（construction），典型的"把"字句所描述的情景具有很强的"致使性"和"完全性"，清楚地传达了"实现"的意义（张伯江，2000）。本文论及的所有汉语结构大多都可转换为"把"字句。

然而，"了"主要表达含义更广的"已然"义。"了"与否定词"没"相对，表达某行为"已经发生"或"已做"，并不强调"实现"义。比如在例（6）中，在有后续句子的情况下，动词复合体"杀了""踢了""开了"只表示"已做"，并不表示"完全实现"。不仅如此，"了"还是一个断言标记（assertion marker），陈述说话人的语气。比如"他杀了人了"中的两个"了"就有不同的意思。前一个"了"表示事情已然发生，后一个则是断言标记。[11]

汉语中与本文相关的附加语即动补结构中的补语。这些补语辅助表达"实现"的意义。动补结构根据补语的性质分为两类：动趋和动结。动趋中的"趋"是汉语中的"趋向成分"，这是汉语中一个封闭的功能形式类，在汉语行文中几乎无处不在，大多数动词都可与它结合（孟琮等，1987）。

趋向补语有实义和虚义两类。实义补语表达事物运动的"路径"或"路径"+"衬体"，如"按上电灯""扯下扣子"。其中的"上"和"下"都表示"到达"的意义，并且与这两个词的空间含义吻合。表达运动事件中的"到达"也是一种"实现"。另一方面，虚义的趋向补语可表达认知上的（epistemic）

---

10 沈家煊举了"瓶—弄碎"和"坑—害苦"两例，前者不常用，后者现也像"杀"那样有动补式（"坑苦""坑惨"）了。（沈家煊，2003）

11 Charles Li 和 S. A. Thompson 说，句末的"了"表达的意义是"与当前相关的状态"（currently relevant state），语焉不详。（Li & Thompson, 1981: 240-300）

"到达"，是一种比喻用法，如"想出主意""攻下城堡"。这类趋向成分如同前文提及的英语中的"down"和"up"一样，也是标记"实现"的符号，用于补足动词的完成义。

趋向成分中的"进""回""上""下"除了充当补语以外，同时也是可独立使用的词，可表达自足的完成意义。这时，它们可算作汉语中的完全完成义动词。

动结结构中的"结"的成分要复杂一些。第一类是抽象的"了""着""好""完""成"等，它们的意义空泛，只能依附于前面的动词，补足完成义或确认蕴涵的完成。第二类像上述趋向成分一样可表达空间意义，如"走""开""掉""落""到""倒""翻""满""住""穿""透""通""中""着"等。这些成分很多在功能上与趋向成分相同，也有"实"和"虚"两种用法。例如"磕掉烟头"——"改掉毛病"、"撞倒电线杆"——"吓倒胆小鬼"、"挡住汽车"——"记住名字"，前者"实"，后者"虚"。正如朱德熙（1982）所说，这些形式为数不多。第三类是描述动作后受事所处状态的成分，它们大多是可独立使用的动词和形容词，前者如"死""跑""醒"，后者如"破""痛""酸""黑""大"。其中常用的"死""破"等也有虚义的用法（"气死我了""打破僵局"）。这类补语成分不是封闭的类，它们和前面的动词所表达的意义可由两个小句分述，动补结构是一种合并（conflation）。这第三类结果成分常用于表达前文所说的"继发事件"以及下面将提到的"其他事件"（other event）。

Talmy（2000）认为，汉语的附加语不仅可以表达"实现"和确认"实现"义，而且可以表达"未及实现"（underfulfillment）、"超越实现"（overfulfillment）和"反实现"（antifulfillment）。以"折"（动词，音 zhé，有别于形容词"折"，音 shé）和"弯"（既是动词又是形容词）为例，"折"的意义是"在两端用力弯曲条形物以使断开"，蕴涵"断开"义；"弯"（或"窝"）的意义是"在两端用力弯曲条形物"，蕴涵结果义"弯曲"。这两个词可分别加"断"和"弯"确认蕴涵的完成义。如下面的（8a）。

> （8）a. 他折断了竹篾。/ 他弯弯了竹篾。
>
> b. 他折弯了竹篾。

c.他弯折了竹篾。

同时我们也常见到上面（8b）和（8c）两类句子。（8b）类句子表述“不及”，类似的有：“煮生了”“挖浅了”。（8c）类句子表示“过头”，类似的有“炒焦了”“腌咸了”。至于“反实现”的例子则有“洗脏了”。

此外，Talmy还认为，汉语的补语尚可表达意外的结果，如“洗破了”（洗的目的不是破）、“晒坏了”（晒原先的目的是“干”，未曾想到会“坏”）。这些Talmy称之为“其他事件”（Talmy，2000）。前文所说的“继发事件”虽然不在施事的意图之内，但在语义上毕竟与动作有密切的联系，“未及实现”“超越实现”和“反实现”都在意图和动作延伸的范围以内，而“其他事件”则超出了这个范围。

4. 结论和思考

（一）两相比较，英语趋向于更多地在动词中表述“实现”义，而汉语则是在附加语中。换句话说，英语用综合的方式，而汉语则是用分析的方式表达动作加结果的情景。如果汉语动补结构中所有的补语成分都可认定为Talmy所说的附加语的话，表达“实现”的框架事件同样印证了汉语是很强的“附加语框架语”。

（二）汉语动补结构中可穷尽列举的趋向成分和部分结果成分都具有实义和虚义两种用法，都可用于表达“实现”义。虚义成分的功能是补足或确认前面动词未尽的完成义；实义成分有独立的意义，即它们表述的结果可从事件整体中分离出来，用分列的小句表达。

笔者认为，过去所说的“语法语义功能已经弱化”“语音上读轻声”的那些补语成分（李临定，1986；沈家煊，2003；林焘，1957），其真正的功能是补足动词的完成义或确认其蕴涵的完成义。所谓“虚”，意思是说它们没有独立的意义。这类补语不能用分列的小句来表达。凡是实义的补语，都可用分列的小句表达。

（三）笔者认为，“进”“上”“下”“回”“掉”“破”“熟”“干”“黑”等表实义的成分在动补结构中的用法不同于它们独立时的用法。它们在动补结构中应是附加语，所表述的意义是动作的延伸，在结构上附属于动词复合体。当它们独立充当谓语动词时（如"球进了球门""链子掉了""书掉了皮""桃子熟了"），应属于完全完成义动词，理由是它们在没有附加语的情况下表述了完全的"实现"义。

（四）笔者的另一思考是：汉语的动补结构是"构式语法"意义上的一种构式。其"动+补"的构式效应使得原本具有完全完成义的动词（"杀""踢""开"等）也需用上补语"死""着""开"等。这类补语是Talmy所说的"赘语附加语"，它们事实上消减了这些动词的"完全实现"义，使之成为"意动动词"。汉语历史上具有完全完成义的动词如"举""抬""阻"等都受到了这一影响。

（五）笔者认为，促使匀称的"动+补"结构的形成并影响动词语义的演变还有两个动因，一是汉语的单音节属性，二是现代汉语的双音节化特点。双音节化是为了韵律上的齐整和平衡，而单音节属性则为此创造了有利的条件。值得注意的是，汉语的动补结构违背了语言的顺序性原则，也就违背了象似性理据。按照这一原理，补语本应出现在受事之后，受事只有在经历了动作影响以后才能达到补语描述的状态，状态不应先于受事出现。

参考文献

- 李临定. 现代汉语句型 [M]. 北京：商务印书馆，1986.
- 林焘. 现代汉语补足语里的轻音现象所反映出来的语法和语义问题 [J]. 北京大学学报（哲学社会科学版），1957 (2)：61-74.
- 孟琮，等. 动词用法词典 [M]. 上海：上海辞书出版社，1987.
- 沈家煊. 现代汉语"动补结构"的类型学考察 [J]. 世界汉语教学，2003 (3): 17-23.
- 张伯江. 论"把"字句的句式语义 [J]. 语言研究，2000 (1): 28-40.
- 朱德熙. 语法讲义 [M]. 北京：商务印书馆，1982.
- LI C, THOMPSON S A. Mandarin Chinese: a functional reference grammar [M]. Berkeley: University of Californian Press, 1981.
- TALMY L. Lexicalization patterns: semantic structure in lexical forms [M]// SHOPEN T. Language typology and syntactic description 3: grammatical categories and the lexicon. New York: Cambridge University Press, 1985: 57-149.
- TALMY L. Paths to realization: atypology of event conflation [C]// Berkeley Linguistics Society. Proceedings of the Seventeenth Annual Meeting of the Berkeley Linguistics Society, Berkeley: Berkeley Linguistics Society, 1991: 480-519.
- TALMY L. Toward a cognitive semantics, Vol. 2 [M]. Cambridge: MIT Press, 2000.

六 表状态变化句子的共核：
变化复合体[12]

1. 引言

状态变化（change of state）是语言必须表达的重要意义之一，各种语言概莫能外。

Vendler（1957）所说的4种事件类型——状态、活动、完成和达成，后两种属于状态变化事件，两者都具有终结性（telic），与活动和状态事件的非终结性（atelic）相对。

状态变化事件最基本的语义要素是"变"或"成"（文献中常用BECOME表示）。事件中的一个实体因内因或外因发生变化。表述这类事件如只是陈述变化而不交代原因或部分交代原因，这样的句子叫作自成句（Inchoative）。（Van Valin & LaPolla，1997：102–125）既陈述变化也同时交代原因的句子叫作使成句（Causative）（Talmy，2000）。[13]使成句表达致使完成或致使达成，蕴涵原因对变化结果的致使关系，语义上除了"变"以外，还添加了"使"（文献中常用CAUSE表示）的意义。致使关系在汉语中也称使役关系，是具有跨语

---

12 原载《外语教学》2019年第1期，12—16页。

13 王力把这类句式称为"使成式"。对使成式文献中有不同的解读，本文集中讨论致使状态变化类使成式。参见邓守信、廖秋忠（1991）。

言共性的、普遍的语义范畴。自成句和使成句的例子如下：

（1）The ice melted.（自成句）

The hot water melted the ice.（使成句）

（2）a. 肉（煮）熟了。（自成句）

b. 他用慢火煮熟了肉。（使成句）

例（1）和例（2）的两个句子都表述了同一实体的变化，只是句 b 表达了复杂、完整的致使关系，而句 a 只是简单表达了变化。此外，句 b 和句 a 之间可进行使成／自成变换（alternation）。使成／自成变换是语言中包括主动／被动等各类变换中的一类。

2. 主流理论观点介绍

主流的理论观点指出了这一共核的存在。

2.1 Fillmore：核心意义

Fillmore（1970）发现，英语状态变化动词（change-of-state verbs）所表征的"核心意义"在几种句式中保持不变。这个核心意义涵盖受影响的主体及其受影响后状态变化的结果，至于导致结果的原因则不在其中。例如：

（3）a. I broke the window (with a rock).

b. The rock broke the window.

c. The window broke.（转引自 Fillmore，1970）

（3a）和（3b）都表述致使事件，属于使成句。（3a）有施事"I"，如果带有括号中的内容"with a rock"，那么所表述的致因是完整的，既包含施行动作的人，也包含所使用的工具；如果不带括号中的内容，那么致因只归因于人，不交代所使用的工具。（3b）以"the rock"为主语，将致因归因于工具，并不提及施行动作的人。（3c）没有表达致因，只是表达了状态变化的结果，属于自成句。

例（3）3 个句子的共核是"the window broke"。它们共享一个承载状态变化结果的主体"the window"。这一主体是语义角色"Patient"或"Theme"[14]，它在使成句中实现为宾语论元，而在自成句中实现为主语论元。（3a）（3b）与（3c）之间属于使成/自成变换，它们的核心意义相同，只是前者还表达了致使义。

2.2 Langacker：主体性过程

认知语法指出，语言由符号单位或符号结构组成。它们的意义取决于概念内容（conceptual content）和识解（construal）。概念内容是符号单位或结构的基底（base），识解是对基底内容的观察角度。识解的结果形成显影（profile）（Langacker，1987）。

认知语法认为，语言表征的过程或事件，分自主和依存两种类型。有一种主体性过程（thematic process）表征某主体的状态及其变化，例如"The window broke""The rod bent"或"The sheep awakened"，另一种施事性过程（agentive process）则表征外因导致某主体发生状态变化，换句话说，表达一种致使关系。上述单纯表述状态变化的句子都有对应的表达致使关系的句子，如"Tony broke the window""Tony bent the rod"和"Tony awakened the sheep"（Langacker，2008）。图4（a）显示单表状态变化的主体性过程，（b）同时显示施事性过程，（c）则表示施事性过程的前半部分无法独立存在（见星号）。

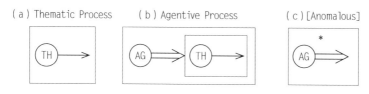

图4.主体性过程和施事性过程（Langacker，2008）

施事性过程和主体性过程是对同一基底两种不同的识解，形成不同的概念结构。图4（b）的观察视角扫描完整的致使事件，致因和结果共现，且结果内嵌于整个事件之中。而图4（a）只聚焦于结果，对致因忽略不表。两相比

---

14 如严格区分，Patient的意义是"经历动作且状态发生变化"，而Theme的意义是"经历动作但未发生状态变化"，但两个词有时可替换使用（Wikipedia："Thematic relation"）。

较，主体性过程的概念结构是自主的、独立的，因为可以不考虑致因而只关注主体在状态上的变化结果。而施事性过程是依存的，它有赖于主体性过程来表达完整的事件。主体性过程具有细述（elaborate）施事性过程的作用。

认知语法认为，自主/依存层次（A/D layering）是语言结构的基本特征之一。在这一层次中，自主成分（A）往往细化依存成分（D），从而组成更高层次的结构——［D（A）］。在这样的配置中，自主成分比依存成分在语义和语形方面分量更"重"，如意义更为丰富、具体和明确。此外，由于依存成分有赖于自主成分得到完全的表述，它不大可能独立出现。举语音为例，元音是自主的，而辅音是依存的，因为元音可独立构成音节，而辅音则需要元音辅助才能构成音节。

在表达状态变化事件的两种结构中，处于最里层的主体性过程是自主成分，处于外层的是表施事性过程的依存成分，后者提供致使关系的能量来源，如施事（或工具）。主体性过程可以用不及物句型独立表达，由变化主体充任主语。而致使关系则使用及物句型，由提供能量来源的参与者施事或由工具充任主语，变化主体充任宾语。这两个句式可抽象如下（Langacker，1991）：

$$（4）a. X V_t Y$$

$$b. Y V_i$$

（4a）和（4b）两式表述的重点都是发生变化的主体Y，都含主体性过程，由主体Y和状态变化结果（V_t或V_i）构成。不难看出，这两种句式之间也存在使成/自成变换。两种句式不同的是，（4a）包含了致因X。

2.3 Perlmutter：非宾格动词论元——深层宾语

Perlmutter（1978）提出了非宾格假说，其基本出发点是：不及物动词分为非宾格和非作格两大类。两者都用于只有一个参与者的论元结构，区别是：非宾格动词的论元在深层结构中其实是宾语，其语义角色是"Theme"，唯一的论元是内论元，即深层逻辑宾语；而非作格动词的论元则是深层结构中的主语，其语义角色是"Agent"，唯一的论元则是外论元。Perlmutter认为，非作格动词和非宾格动词可以根据语义进行区分。

英语中有很多表征状态变化的动词，如"break""shatter""melt""crumple""open""crystallize""fracture""dim""blacken"，都是非宾格动词，既可用于表致使状态变化的及物句（使成句），也可用于单表状态变化的不及物句（自成句）。两种句子之间可实现使成/自成变换。

（5）a. The glass shattered when it hit the floor.

b. The storm shattered the window on the front exit door.

及物句的宾语和不及物句的主语同属这些动词深层结构的宾语，两者的语义性质一致，因此这些动词是典型的非宾格动词。能实现使成/自成变换是这些动词的重要特征之一。

英语动结式有直接宾语限制（direct object restriction）（Simpson，1983），即表结果的补语只能述说宾语，不能述说主语。然而 Levin & Rappaport Hovav（1995）发现，以非宾格动词构成的不及物句，后面的结果补语是可以直接述说主语的。这时表层主语实际上是动词深层的宾语。但假如动词是非作格动词，那么就有必要添加一个与主语复指的反身代词，以满足直接宾语限制的要求。例如：

（6）a. Terry wiped the table clean.

b. The river froze solid.

c. *Dora shouted hoarse.

d. Dora shouted herself hoarse. （转引自 Levin & Rappaport Hovav, 1995）

（6a）中的"clean"述说宾语"the table"，不可能述说主语"Terry"，因为直接宾语限制不允准。（6b）中的"solid"可以述说主语，因为主语"the river"是"froze"的深层宾语，这证明"froze"是非宾格动词。（6c）中的"hoarse"不能述说主语，因为主语"Dora"不是"shouted"的深层宾语，这说明"shouted"不是非宾格动词。（6d）中添加"herself"后满足了补语须修饰直接宾语的限制，成为合格句。

（6b）中的动词"froze"确有及物的用法，这进一步证明了其非宾格性质：

（7）They were able to freeze a tumor now.

这些都说明，英语非宾格动词用于自成句时的主语和用于使成句时的宾语，都表征发生状态变化的主体，自成句和使成句共享这个主体及述说这个主体的谓语。

2.4 Talmy：状态变化事件的"核心图式"

Talmy（2000）提出了事件合成和宏事件理论。一个宏事件由主事件"框架事件"（framing event）和从属事件"副事件"（co-event）合成。

框架事件是宏事件的"梁架"（structurer），是陈述、否定、祈使和疑问各种句型的核心内容，表达整个宏事件的结论或结局（upshot），而副事件则起辅助作用，为宏事件提供原因、方式等背景。

Talmy（2000）发现了具有共同抽象结构的5类框架事件：运动事件、体相事件、状态变化事件、共时事件和实现事件。其中的变化事件与本文论题相关。这些框架事件含4个语义成分：

1）凸体（figure）：句子中即时关注的焦点，是句子表述的主体。

2）衬体（ground）：与凸体相对的实体，是凸体的参照物。

3）动作过程（activating process）：表述事件发生的动能（dynamism），表达变与不变（transition and fixity）的意义。

4）系联功能（association function）：表述凸体和衬体的关系。

以上是各语义成分的统称。各事件的语义成分有具体名称。如在运动事件中，系联功能为"路径"（path）。宏事件构成如图5。

宏事件：[凸体　动作　系联　衬体]框架事件←支持[事件]副事件
{原因}
{方式}
{致使}
{……}

图5.5类宏事件（转引自严辰松，2008）

Talmy指出，框架事件最为关键的部分是"系联功能＋衬体"构成的"核心图式"（Core Schema）。它所表达的信息不仅是语义中心，在句法实现上也至关重要，见图6。

[凸体成分　　动作过程　　系联动能　　衬体成分] 框架事件
└── 核心图式 ──┘

图6.框架事件与核心图式（转引自严辰松，2008）

状态变化事件表述凸体的某个属性发生了变化。Talmy（2000）认为，状态变化事件是运动事件的隐喻性结构，凸体属性的变化可表述为凸体进入某个属性。这是状态变化事件中的核心图式，而说明状态变化的原因或方式是副事件。例如：

（8）The water froze solid.

凸体：water

动作+原因：froze（动作过程+副事件）

系联+衬体：solid "（变）结实"（核心图式）

Talmy用"move to / into"形象地解释了事物进入各种状态的意义。例如：

（9）　He choked to death on a bone.

[he MOVED TO DEATH] WITH-THE-CAUSE-OF [he choked on a bone]

（10）He burned John to death.

[he $_A$MOVED John TO DEATH] WITH-THE-CAUSE-OF [he burned John]（Talmy, 2000: 240-243）

例（9）表达自成事件，而例（10）表达使成事件。MOVE TO仅表示"变成"，而MOVE前面加下标A则增加了"致使"的意义。无论是自成句还是使成句，这两个句子最重要的信息分别是He was dead和John was dead，即经历者及所经历的状态变化。

2.5 表状态变化句的共核——变化复合体

上述4种理论观点可概括如下：

（一）所有表状态变化的句子都有一个承载状态变化的主体，并都有一个陈述状态变化结果的谓语。前者可称为"变元"，"变元"＋"变化结果"构成一个共生共存的"变化复合体"。这一复合体表述 Fillmore 所说的"核心意义"，Langacker 所说的"主体性过程"，Talmy 所说的"框架事件"。

（二）变化复合体是所有表状态变化句共享的语义结构，体现这些句子的核心信息。变化主体及其发生的变化结果是这些句子必须交代的信息。这些句子聚焦的是"谁/什么怎样了"而不是"谁/什么做了什么"，句子中能够回答前者的部分才是核心，才是焦点。

（三）变元的语义角色是"Patient"，是"受影响并经历变化的实体"。表征变元的名词论元是深层逻辑宾语，属于内论元。即便出现在表层主语位上，论元的这一性质不变。

（四）无论变元实现为自成句的主语，还是使成句的宾语，变化结果R始终指向表征变元的名词论元。套用生成语法管约论的说法，该名词论元永远控制R，这一关系守恒不变。

（五）变化复合体具有自主地位，可表达为自成句。自成句是一个语义和句法都自主的句子，以变元为主语，以表变化结果的陈述为谓语。变化复合体同时也出现于使成句。使成句表达致使关系，是在自成句基础上添加了致因。使成句和自成句之间可以实现变换。

此外，变元及变化复合体具有跨语言的共性，英语和汉语可为印证。

3. 英语和汉语的印证

3.1 英语

如前所述，英语可由动词表达状态变化。Fillmore（1970）和 Langacker（2008）都以这些动词为例。然而英语也用动结式（Resultative）表达状态变化。这两种句式有密切的联系。

Levin（1993）列举了英语中324个表征外因致使状态变化意义的动词。这些动词分为"break""bend""cook"等4个大类，它们共同的特征是：① 可以进行使成和自成之间的变换；② 凡是状态变化可由工具导致的，工具和施事都可实现为句子主语表达成因；③ 在句末可增添表述变化结果的补语。

增添了结果补语的句式是英语的动结式，这是英语表达状态变化的又一个大类。英语动结式与汉语动结式从形式和语义上相似。两者都含有由动词充任的述语（V，又作VP，P为"短语"义）和由形容词充任的结语（R，又作XP或RP：XP涵盖形容词和介词短语，RP意为结果短语）。形式上不同的是，汉语的V和R两者接续，而英语中两者由V的宾语隔开。

如不计表达空间意义的致使移动（caused-motion），如"John danced mazurkas across the room"，英语动结式可分成以下两个大类。（Rappaport Hovav & Levin，2001）这些动结式也都含"变化复合体"。

（一）简单自成句，R指向主语：V为不及物动词，无宾语。

（11）The pond froze solid.（变化复合体：the pond + solid）

（二）复杂使成句，R指向宾语：V为及物或不及物动词，后接常规、非常规宾语，或反身代词做宾语。

1）V为及物动词，跟常规宾语

（12）The dog poked me awake.（变化复合体：me + awake）

2）V为及物动词，跟非常规宾语

（13）They drank the pub dry.（变化复合体：the pub + dry）

3）V为及物动词，跟反身代词宾语

（14）The cows ate themselves sick.（变化复合体：themselves <the cows> + sick）

4）V为不及物动词，跟宾语

（15）The joggers ran the pavement thin.（变化复

合体：the pavement + thin）

5）V为不及物动词，跟反身代词宾语

（16）We yelled ourselves hoarse.（变化复合体：ourselves <we> + hoarse）

3.2 汉语

汉语用多种句式表达状态变化，其中重要的是含动结结构的各种句式。"动结"即VR（Verb + Result），又称"述结"，是汉语多种句式的复合谓语。汉语表达状态变化的各种句式可归纳如图7。所有这些句式都包含变化复合体。

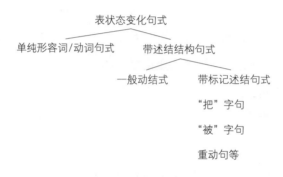

图7. 汉语表状态变化句式

（一）单纯形容词/动词谓语句

说"单纯"是为了和带述结结构的句式相区分。（2a）中"肉熟了"或"肉煮熟了"都表述状态变化，前者仅由性质形容词做谓语构成，后者加上动词"煮"由述结结构做谓语。汉语中表性状的单音节形容词很多可用作谓语。例如：

（17）a. 破草帽湿了。

b. 半边天空红了。

汉语也用一些动词表达状态变化，例如"倒""醒""醉"等。

（18）a. 电线杆倒了。

b. 张大伯醉了。

谓语"湿了""红了""倒了""醉了"分别述说主语"破草帽""半边天

空""电线杆"和"张大伯"。这类句子属于自成句，不说明变化的原因。不难看出，这些句子本身就构成了变化复合体。

（二）一般动结式

在（17）和（18）各句的谓词前加入动词V，它们就变成了带述结结构的一般动结式，如"破草帽淋湿了""半边天空染红了""电线杆碰倒了""张大伯喝醉了"。

汉语动结式可以分为以下两个大类：

1）自成句：V为不及物动词或形容词，R为形容词或动词，R指向主语。

（19）媛媛哭醒了。（变化复合体：媛媛+醒了）

（20）老张累病了。（变化复合体：老张+病了）

2）使成句，R指向宾语。

（21）a. 他酒后捅死了前女友。（变化复合体：前女友+死了）

b. 母亲切破了手指头。（变化复合体：手指头+破了）

c. 人头马喝哭了志愿者。（变化复合体：志愿者+哭了）

d. 昨天的婚宴喝倒了好几个人。（变化复合体：好几个人+倒了）

上面的例子表明，汉语动结式自成句形式上类似不及物句，R的语义指向是动结式的主语，而表达复合致使事件的使成句类似及物句，R的语义指向是动结式的宾语。[15]

---

15 汉语另有两小类形式上看似及物，但R指向主语的动结式，可以说是本文分类的例外：① 张三喝醉了酒；② 刘翔跑赢了对手。第一类句末的名词"酒"是动词V"喝"的"宾语"，这句话的变化复合体是"张三醉了"；而第二类句末的名词"对手"是R"赢"的宾语，这句话的变化复合体是"刘翔赢了对手"。学界对这两个小类多有论述，本文因篇幅所限不做细述。

（三）带述结构的其他句式

汉语述结结构不仅出现在一般动结式中，还出现在"把"字句、"被"字句、重动句等句式中。例如：

（22）a.我嘴巴里流出的哈喇子把大师胸前的衣服都滴湿了。（"把"字句）（变化复合体：胸前衣服+湿了）

b.他的耳朵根已被那麻绳磨烂了。（"被"字句）（变化复合体：他的耳朵根+烂了）

c.还乡团匪徒埋人埋累了……（重动句）（变化复合体：还乡团匪徒+累了）

汉语表状态变化的各类句式之间可实现各种变换。如前所述，单纯形容词/动词句可加动词变为一般动结式。使成句和自成句可实现双向变换，只是自成句向使成句变换时需添加施事（致元）。此外，一般动结式可变换为"把"字句或"被"字句等句式。驱动变换的是各种语用因素，如为了强调致因，我们可用"被"字句［如（22b）］；为了突出受影响而发生变化的主体，我们可用"把"字句［如（22a）］等。

4. 结语

确认变元和变化复合体这两个语义常项将有助于进行单一语言或跨语言的研究。例如，以变元和变化复合体为基础，我们可以重新确认汉语一般动结式的类型，分析这些类型与其他含述结结构句式之间的关系，考察它们之间的变换及所产生的语义、语用和语篇功能差异。这些都大有文章可做。从跨语言的角度，我们也可以以变元和变化复合体为基础，更好地推进在表达状态变化方面的英汉语对比研究乃至翻译研究。本文只是指出了英汉语有关方面的共同点。

参考文献

- 邓守信，廖秋忠. 汉语使成式的语义 [J]. 国外语言学，1991 (3): 29-35, 16.

- 严辰松. 伦纳德·泰尔米的宏事件研究及其启示 [J]. 外语教学, 2008(5): 9-12.

- FILLMORE C J. The grammar of hitting and breaking [M]// JACOBS R, ROSENBAUM P. Readings in English transformational grammar. Waltham: Ginn and Company, 1970.

- LANGACKER R W. Foundations of cognitive grammar. Vol. 1: theoretical Prerequisites [M]. Stanford: Stanford University Press, 1987.

- LANGACKER R W. Foundations of cognitive grammar. Vol. 2: descriptive application [M]. Stanford: Stanford University Press, 1991.

- LANGACKER R W. Cognitive grammar: a basic introduction [M]. New York: Oxford University Press, 2008.

- LEVIN B. English verb classes and alternations: a preliminary investigation [M]. Chicago: University of Chicago Press, 1993.

- LEVIN B, RAPPAPORT HOVAV M. Unaccusativity: at the syntax-lexical semantics interface [M]. Cambridge, Massachusetts: MIT Press, 1995.

- PERLMUTTER D M. Impersonal passives and the unaccusative hypothesis [C]// Berkeley Linguistics Society. Proceedings of the Fourth Annual Meeting of the Berkeley Linguistics Society. Berkeley: University of California, 1978: 157-189.

- RAPPAPORT HOVAV M, LEVIN B. An event structure account of English resultatives [J]. Language, 2001, 77 (4): 766-797.

- SIMPSON J. Resultatives [C]// LEVIN L, RAPPAPORT HOVAV M, ZAENEN A. Papers in lexical-functional grammar. Bloomington: Indiana University Linguistics Club, 1983: 143-157.

- TALMY L. Toward a cognitive semantics. Vol.1 [M]. Cambridge: MIT Press, 2000.

- VAN VALIN R D JR, LAPOLLA R J. Syntax: structure, meaning and function [M]. Cambridge: Cambridge University Press, 1997.

- VENDLER Z. Verbs and times [J]. Philosophical review, 1957, 66 (2): 143-160.

第三部分

汉语结构

导　言

如前文所述，自改革开放以来，受惠于国际普通语言学新颖的视角，结合我们优秀的语文学传统，我国对汉语的研究，无论在理论上还是实践上都取得了长足的进步。国际上一些重要的、具有普适性的概念被用于解释汉语，如有/无标记、有/无界、有/无指（定/不定指、实/虚指、通/单指）、语法化、语篇照应、言语行为等。这些研究令人耳目一新，大大提升了汉语的研究水平。

笔者是外语教师，粗通语言学，学习理论的目的在于应用，因此对母语做了一些研究。本书这一部分包括3篇文章，研究对象都是汉语的结构。《限制性"X的"结构及其指代功能的实现》一文试图论证：①"X的"指代的条件和限制不取决于中心语是具体还是抽象，或所指代名词的格是前面动词短语的核心格还是外围格；②"X的"指代与名词的配价不一定有关联；③名词之间不存在缺省的显著度孰高孰低的问题，凸显（profiling）发生在语言使用过程中；④"X的"可用于指代的各种情况，都因为"X的"具有潜在的指别功能，它的作用是从由中心语所指的事物中选择特定的个体或类别，以区分于其他个体或类别；⑤ 指代用"X的"是一种即时使用的简化了的指称形式；⑥ 尽管"X"提供了用于区分的信息，但要成功提取所指对象，受话人还有赖于语用推理。这涉及语言知识、百科知识以及共享知识。

历来讨论汉语指代问题，鲜有提及"X的"结构可用于指代。笔者认为，在语篇和话语中，"X的"的作用有时相当于代词乃至专有名词（如人名），具有专指、定指的性质。这一结构大多是在语言使用中即时产生的，对它的研究可划归到语用学范畴。

根据中国知网显示，截至2019年10月5日，这篇文章共被引23次，被下载626次，其中被中国知网收录的博士和优秀硕士论文分别引用1次和6次。可见关注的人还不多。

《汉语没有"中动结构"——兼与英语中动结构比较》一文指出，中动结构在英语等西日耳曼语言中是一非常规句式，形式和意义独特，有特殊的属性。汉语中不存在这样一个特殊的句式，认为汉语中存在中动结构的观点是比附英语等西日耳曼语言的结果。汉语"起来"句中只有一小部分能表达英语中动句的意义，且汉语中尚有其他形式能够表达同样的意义，因此"起来"句并非英语等语言中中动结构的对等句式。

这是一篇会引起争议的文章。中动的概念只有与主动、被动概念在一起方能成立。它们共同构成一个语法范畴，并在明确区分语态的语言中具有形态标志。汉语没有语态这一语法范畴，使用"被"字并不能说明汉语具有语态标志，从而证明汉语具有语态范畴，因为很多印欧语需要区分主动和被动的地方，汉语并不做区分，也不需要使用"被"字。

根据中国知网显示，截至2019年10月5日，这篇文章共被引37次，被下载853次，其中被中国知网收录的博士和优秀硕士论文分别引用4次和11次。引用的文献想必也包括了否定笔者观点的。

《论汉语带"宾语"自致使动结式》阐释汉语中违反马真、陆俭明（1997）提出的规律的一类动结句式。句式的主语所指是承载变化结果的主体，结语指向主语，然而在VR复合谓语后带有"宾语"。这是动词V在底层时携带的宾语，因完整表达动作事件的需要提升至表层结构，置于变元移走后的空位上。它并非动结句式的宾语，在其中没有句法论元的名分。文章论述这类动结式的构成、性质及其语法语义限制，兼论该规律背后的理据。

这篇文章发表时间还不长。根据中国知网显示，截至2019年10月5日，被下载242次。

七　限制性"X的"结构及其指代功能的实现[16]

1. 引言

"的"在现代汉语中标示修饰语，构成"X的+中心语"结构。"X"既可以是体词性的，也可以是谓词性的，占据这个位置的可以分别是名词/名词短语、代词、数量词、形容词/形容词短语、动词/动词短语、介词短语、主谓结构、副词及拟声词等，或是它们中一部分的组合（详见3.2节）。"X的"一般充任定语，在一定的条件下可以独立使用，指代整个"X的+中心语"结构，充任名词性的语法成分。

对"的"的语法性质和功能，以及对"X的"结构的构造、语义、功能及其独用的条件和限制等，既往的研究已非常丰富。限于篇幅，本文不一一列举，下文只提及与本文主题相关的文献。

本文在前辈和时贤工作的基础上，进一步分析"X的"结构用于指代的条件，讨论指代功能的实现和指代的识解，以期对这一常用结构有更深刻的了解。

---

16 原载《解放军外国语学院学报》2007年第5期，7—16页，现有修改。

2. 主要研究述评

朱德熙（1961）区分了三类"X的"结构，其中的"的"分别被称为"的₁""的₂"和"的₃"，用于不同的语法环境：① 副词性的，如"非常的痛快"；② 形容词性的，如"干干净净的衣服""挺便宜的水果""水果挺便宜的"；③ 名词性的，如"最好的微机""木头的房子"。朱德熙（1999）指出，"X的"结构是限制性的。目前，副词性的"的"已被"地"取代。

名词性的"X的"短语可不跟后面的中心语，即指代整个"X的+中心语"结构，充任主语、宾语或单独使用。

> （1）<u>吃的</u>（东西）准备好了。
>
> 我要<u>最好的</u>（苹果）。
>
> 我认识那个<u>站在路边的</u>（人）。
>
> <u>掌柜的</u>、<u>屋里的</u>

什么样的"X的"结构是名词性的？"X的"结构指代的条件和限制是什么？国内外的研究很多，下面简要概述并评论之。

2.1 "转指"和"自指"

自朱德熙（1983）开始，汉语界一般用"转指"和"自指"来区分"X的"结构。

"转指"是指"X的"结构能脱离后面的中心语并指代它，并且意义有所改变，如"她买的（衣服）""修车的（人）"。"转指"是汉语中的名词化现象。"自指"的"X的"结构只能用来修饰中心语，不能独立使用并指代它。

朱德熙（1983）认为，在"VP的"的转指中，"VP"的主要论元（主语和宾语）至少有一个缺失，如在"她买的衣服"中，"她买的"缺少"买"的宾语，在"修车的人"中，"修车的"缺少主语。缺失的论元往往就是"VP的"所修饰的中心语，因此说"VP的"跟中心语同格或同位，"VP的"指代的就是这样的中心语。

"自指"的"VP的"里可以没有空位，修饰语"VP的"和中心语之间没有同格或同位的关系，"VP的"不能指代中心语，例如"开车的技术"不能用"开车的"来指代。"自指"是说"开车"在"开车的"短语中意义不变。

2.2 配价理论

陆俭明（1983）和袁毓林（1994）都举出了一些"VP"不存在语法空位而"转指"的例子，如"孩子考上北京大学的（家长）""我撕了封面的（书）""色儿红的（月季花）""穿着讲究的（姑娘）""弹性很好的（金属）""头发稀少的（老人）"。

袁毓林（1994）认为，这些"X的"结构（主谓结构）中的主语或宾语都是"一价名词"，它们都从属于支配它们的某个名词，如"孩子"有"家长"，"封面"是"书"的一部分，"颜色"是"花"的属性，"头发"是"人"的一部分，后者支配前者。这些主谓结构也隐含某一潜在的空位，只不过是由一价名词引发的，这一空位可由支配它们的名词在中心语位置填补，因此"X的"指代的正是这些支配名词。

袁毓林（1994）还发现，当"N的"中的N是支配名词的时候，"N的"不能用来指代整个名词性短语。表6举例说明袁毓林文章所说的三类一价名词、它们的支配名词及"支配名词+的"转指受限的情况。

表6. "支配名词+的"转指受限

一价名词		一价名词 （中心语）	一价名词的支配名词 （加"的"构成修饰语）	N的+中心语
亲属称谓	爸爸、孩子、 上级、丈夫	爸爸	小王	*小王的（爸爸）
部件名词	头、脸、手、 尾巴	尾巴	兔子	*兔子的（尾巴）
属性名词	性格、弹性、 命运	弹性	塑料	*塑料的（弹性）

*表示无法用"X的"独立指代。

2.3 "认知框架"和"显著度"

沈家煊（1999）把"转指"等同于"转喻"。他认为转指受"一般转喻规律的制约"，体现在：① "X的"和所指代的中心语同在一个认知框架内，如"人"和"开车的"在同一个认知框架内，而"技术"则不在；② 显著度高的转指显著度低的，"X的"转指中心语，如容器转指内容，整体转指部分，都因为前者凸显程度高于后者。

他的认知框架有"容器—内容""整体—部分""领有者—领有物""劳作者—工具""物体—性状"，此外还包括Lyons（1977）所提出的"当事—行为/经历""施事—动作—受事/结果""施事—动作—与事/目标—受事"等"配价图式"。

上述"配价图式"属于完形，只包含最重要的成分，如在"施事—动作—受事"这一图式中，"施事"和"受事"这些"核心格"是最重要的，因此最容易被转指，而"时间""处所""方式""原因""涉事""目的"等所谓"外围格"一般不处于完形之内，因此被转指就受到限制。例如人们听到或看到"开车的"，根据"施事—动作—受事"的图式可推知指的是施事"人"，而不是"时间""处所"和"方式"。

沈家煊提出显著度低的不能转指显著度高的，如"尾巴""屋顶"和"爸爸"的显著度分别高于"兔子""房屋"和"小王"（如图8所示），因此它们不能被指代，如不能用"兔子的"指代"兔子的尾巴"。

尾巴　　　　　　　　屋顶　　　　　　　　爸爸

图8.显著度高低举例（转引自沈家煊，1999）

沈家煊认为，一般的转指需同时满足上述两个条件，然而转指也有一些特殊的情况，这时被转指的中心语要么不在认知框架内（如"开车的"转指"技术"），要么原本是显著度高的（如内容转指容器，部分转指整体）。这些特殊的转指都是语境调控显著度的结果，其中包括重读"X"。

此外，沈家煊还列举了一些"X的"转指抽象名词受限的情况：

$$（2）托运的（行李）　*托运的（手续）$$
$$到站的（火车）　*到站的（时间）$$
$$切脉的（大夫）　*切脉的（方法）$$
$$他赞成的（意见）*他提出的（意见）$$

与此相联系，该文还认为，动词所表达的"关系"相当于整体，它包含与动词相联系、属于"关系"的名词，名词相当于整体的一部分。因此"VP的"指代名词是一种缺省的情况，如"吃的"指代"人"或"东西"，后两者的显著度都低于前者（部分低于整体）。也正因为如此，"书的"往往不能指代"书的出版"。

2.4　对上述研究的评论

2.4.1　"VP的"的指代不限于"施事""受事"等核心格

朱德熙（1983）谈到的"转指"是指"VP的"指代主要的语法成分，即所谓语法空位，一般提到的是主语和宾语，所充任的语义角色是施事和受事这类"核心格"。然而研究和语言实例都表明，"VP的"并不只是指代"施事"和"受事"。

袁毓林（1995）试图论证：在语义上，"VP的"都表示转指，它转指跟"VP"直接或间接相关的某一种语义格。不过提取不同语义格的"VP的"具有不同的句法、语义功能。只有提取核心格的"VP的"才有独立的称代功能，可以自由地做主宾语；提取其他格的"VP的"不同程度地缺乏独立的称代功能，通常只能做同位性定语。

沈家煊（1999）认为，"VP的"倾向于指代"施事"和"受事"，也有可能是"与事"和"工具"，而指代"时间""处所"等所谓"外围格"受到"一般转喻规律的制约"。

笔者认为，"VP的"不仅可以指代"施事""受事""与事""工具"等语义格，而且可以指代"时间""处所"甚至"方式"等外围格。原因之一就是，动词短语，尤其是主谓结构，所表达的事件往往与时间和地点密切相关。此外，"方式"等"外围格"也可能是论述的中心话题。因此，"VP或主谓结构＋的"所修饰的中心语完全可能是"施事""受事""与事""工具"以外的"时间""处所"乃至"方式"等。

沈家煊（1999）认为，"买的"和"吃的"首先激活的是"受事"，即"东西"，其余"跳舞的""吃饭的""约会的""上网的"首先激活的是"人"。实际情况未必尽然。只要"VP的"能够表述中心语所指中一个特定的个体或类，"VP的"指代的中心语就不限于所谓的"核心格"。[17]

（3）买的（东西/人/时间/地点）

卖饮料的（人/机器/时间/地点）

跳舞的（人/同伴/时间/地点）

上网的（人/电脑/时间/地点/经验）

（4）买的不如看的多。（指"人"）

（5）公司提供了员工锻炼和休闲的地方，这里是跳舞的，那里是练瑜伽的。（指"地点"）

（6）我有两台电脑，一台办公的，另一台上网的。（指"电脑"）

（7）售货机如今不仅有卖票的，还有卖饮料的。（指"机器"）

（8）你点点这些货款，这些是卖日用品的，这些是卖饮料的。（指"钱"）

可见，能用"X的"结构指代的中心语不仅仅限于"施事""受事"等"核心格"，也包括"时间""处所""工具"等"外围格"。

此外，转指不仅涉及沈家煊文章所列的那些"认知框架"和"配价图式"，还涵盖更广泛的百科知识内容，如表征"事件"的脚本（script）、场

---

17 袁毓林（1995）所谓"只有提取核心格的'VP的'才有独立的称代功能""提取其他格的只能做同位性定语"的说法也值得商榷。

景（scenario）等，例如"买卖交易""饭店就餐""乘坐公共交通工具""看电影""比赛""上学"等。"图式""框架""脚本""场景"等都是抽象的"理想认知模型"（Idealized Cognitive Model，简称ICM），都属于百科知识。这些知识蕴涵了事物之间存在的从属或连带关系，建立了话语实体之间的相关性或共现性。如上所述，"时间"和"处所"对于任何事件都是要素，"X的"结构指代它们是常有的事。另如在"买卖交易""就餐""看电影"等"消费"事件中，"钱"与参与的"人"和"物"同样重要，也是经常被指代的对象。

2.4.2 名词间不存在预设的显著度孰高孰低的关系

沈家煊（1999）认为名词间存在显著度高低的关系，这同样是可以商榷的。限制性的修饰语被凸显（profiled），从而提高了显著度。在此之前，名词间不存在显著度孰高孰低的问题。在一般情况下，"尾巴""屋顶"和"爸爸"相对于"兔子""房屋"和"小王"并不一定具有更高的显著度（prominence）。况且"兔子"的"头"甚至"耳朵"可能比"尾巴"更引人注目。

重读非重读、显著度高与低与"X的"的指代确实有关联，但显著度为什么高？为什么要重读？为什么它们与指代有上述关联？要跳出这个循环论证，需要另一种解释，那就是能够用于指代的"X的"是一种限制性的修饰语，通过重读"X"可凸显被修饰语的分类特征，以便从它所表述的事物中指定、识别、提取出一个小类，以区别于其他小类。换句话说，限制性修饰语通过重读来实现指别的功能。

在适宜的语境下，"兔子的"和"小王的"完全可以成为限制性修饰语，从而独立指代"尾巴"和"爸爸"。如在某个陈列动物尾巴标本的地方，解说员完全可以指着说"这是兔子的"，那是"猪的"。再如在某个父亲节，某公司邀请所有员工的父亲和大家一起参加旅游，组织者在向大家做介绍时，完全可用"小王的""小张的"等来指代各位员工的父亲。

至于"房屋的"不能指代"屋顶"，是因为除了"房屋"的"屋顶"之外不可能再有其他的"屋顶"，"房屋的"不可能从"屋顶"中提取一个小类。但我们可用"平的""坡形的"来指代两种"屋顶"，这时"屋顶"是一类名，可指称不止一种"屋顶"。

2.4.3 配价未必是有些 "N的" 指代受限的原因

我们不否认名词的配价（即其意义的自主和依存性质）在分析语义时可作为一个依据，如用以解释 "小张的老师" 和 "*小张的教师" 的区别，但是所谓一价名词的支配名词构成的 "N的" 不能指代一价名词（"小王的" 不能指代 "爸爸"，"兔子的" 不能指代 "尾巴"，"塑料的" 不能指代 "弹性"）的说法未必成立。

决定 "N的" 能否独用的根本原因是这一名词性成分的指示和区别功能。上述一价名词，不管属于哪一类（亲属称谓、部件名称抑或属性名词），只要是指称一类事物，即充任朱德熙（1999）所说的 "类名"，而它的修饰语（由支配名词构成）用以限制这类事物的外延，从而从这类事物中分离出一个小类，那么这一 "支配名词N+的" 就可以独立并指代整个名词短语。这一 "N的" 短语不仅指代该小类，而且说明该小类的区别性特征或属性，并同时隐含除了该小类之外还有其他小类的意义。

"爸爸" 用于泛指也可以是类名，因此同样可以区别和分类，也同样可以用限制性定语 "N的" 来指代。朱德熙（1999）曾经指出，"特殊的事物有时也能加上限制性定语，例如 '真李逵'，但此时暗示还有 '假李逵' 存在，事实上我们仍然给李逵分了类。"《水浒传》中有真假李逵，世界上有很多重名的人，如此特殊和个别的事物也可以区别和分类，"爸爸" 就更不用说了。

"爸爸" 和 "尾巴" 可以进行区分和指别，其他亲属称谓和部件名称同样如此。至于属性名词自不必说，因为它们指称的属性会因人而异或因物而异，有不同的人或物就有不同的属性。"某人""塑料""钢" 等支配名词正好用来说明或表述这个属性。当我们说 "某人或某物的属性" 时，实际上是用这些支配名词限定了属性的外延，提取了属性的一个小类，并隐含这个小类与其他小类有所区分的意义。

（9）（物理老师指着标明各类材质弹性指标的
表格说：）这是塑料的、钢的、橡胶的。

（10）做政治工作要熟悉各人的性格，王二的、
张三的、李四的都要摸透，才能有的放矢。

2.4.4 "X的"转指抽象名词未必受限

仔细分析起来，只要语境合适，沈家煊（1999）列举的"X的"转指抽象名词受限的例子都可以成立，因为"手续""时间""方法"和"意见"都可以是类名，而且这些例子中的"X的"都可以表述它们的一个小类，并与其他小类相区分。

> （11）（一个转业干部就要离开部队了，有若干手续要办。他说：）工资的（手续）办了，医疗的也办了，还有组织关系的、托运的，都要办。
>
> （12）开车的（时间）知道了，到站的呢？
>
> （13）切的（方法）要学，望的、问的、闻的都要学，不是说"望""问""闻""切"吗？
>
> （14）这是他提的（意见），我的你有没有考虑？

其实，现实生活中可有不同的"样子""方式""问题""情形"，因此它们都可以成为类名，用不同的修饰语来限定。当这类名词做中心语时，它们被限制性修饰语指代的机会是很多的。例如生物老师指着图片、PPT或视频短片说："青蛙这样的两栖动物，可在水里游，也可在岸上爬行或跳跃前进，因此有多种不同的运动方式。请看，这是游泳的（样子），这是爬行的（样子），这是跳跃的（样子）。"这里的"样子"可以省略，或至少后两个可以省略。

法律文件中有大量省略了中心语"情形"的"的"字结构。例如：

> （15）第十六条　本章有关规定中，有下列情形的，可以使用方言：（一）国家机关的工作人员执行公务时确需使用的；……（三）戏曲、影视等艺术形式中需要使用的；（四）出版、教学、研究中确需使用的。(《国家通用语言文字法》)

《红楼梦》中有若干"X的"结构指代抽象的"道理"：

> （16）我又不是呆子，怎么有个不信的呢？

等我和你婆婆说，没有<u>不依的</u>？

大远的诚心诚意来了，岂有个<u>不叫你见</u>
<u>个真佛儿去的</u>呢？

沈家煊（1999）认为，动词的显著度高于名词，因此"N的"指代"N的
+VP"（如"书的理解""小说的出版"）有困难。笔者的看法是，只要这些中
心语表述的事物或性质有分类的可能，"N的"同样可以指代它们。例如"理
解"可针对不同的事物，也可以是不同人的"理解"：

（17）菲尔默研究人们对不同语言层次的理解，
<u>词的</u>、<u>句子的</u>、<u>语篇的</u>。

（18）对这篇小说的理解，<u>我的</u>跟<u>你的</u>大相径庭。

（19）今天先讨论<u>期刊的</u>（出版），<u>词典的</u>明天
讨论。

在欧化的现代汉语中，这类名转动现象已很普遍。

3. 可用于指代的"X的"结构的意义和形式

3.1 意义：指别和分类

有关"X的"结构的意义，众多学者已有精辟的概括。朱德熙（1999）极
有见地地指出，有些"形容词+的"是"限制性的"，这类限制性定语具有
"分类作用"。吕叔湘（1984）和朱德熙（1966）都认为，"底"［相当于朱德
熙（1961）的"的₃"］是"区别性"的。袁毓林（1995）和石毓智（2000）都
强调"的"字结构的区别功能。石文还认为，"的"的基本功能是"从一个认
知域中确立出成员"。沈家煊（1995）从标记理论出发，认为"的"具有标记
"有界"定语的功能。沈家煊（1999）说"X的"是"专指"，是"凸现关系"。
陆丙甫曾多次提到做定语的"的"字结构的"指别性""可别度"等（陆丙甫，
1988，2003，2005a，2005b）。

概括以往的研究并根据自己的观察，笔者认为，能用于指代的"X的"结
构应首先具有指别和分类的意义潜势（meaning potential）。在指代之前或之后，

其中的"X"，不管是体词性的还是谓词性的，都应能限制、确定所修饰或指代的中心语的内涵和外延，使之明晰化、精确化、专门化，而这时中心语的所指应是一个包容度更大的类，中心语是一个类名。

必须指出的是，"X的"的指别和分类意义是由"X"和后面的中心语共同实现的。即便在独立指代的情况下，"X的"结构一般也可以补出后面的中心语，即"X的"结构永远蕴涵中心语。中心语确定一个范围或称作逻辑上的域，形式上体现为一个类名；而"X"的意义则是选择这个域中一个更小的范围，换言之，从这个域中提取一个有别于其他子集的子集，如此构成的"X的"结构即具有指别和分类的意义。

因此，指别性的"X的"结构（见图9），不论是否带有中心语，即不论是否独立指代，它的意义都可以表述为A：

$A \subset U$

A＝ { x | x是具有"X的"结构所描述的性质的事物 }

U＝ { A、B、C…… }

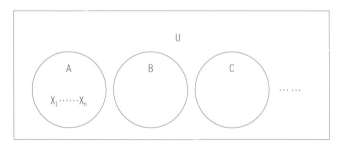

图9.指别性"X的"结构的集合性质

由于表述子集A的性质，"X"具有甄别、选择或提取这一子集的意义，从而也蕴涵在它所描述的子集以外另有子集B、C等的意义。"X的"构成的限制性修饰语限定中心语所指的内涵，隐含分类的意义。

具有限制性、指别性的"X的"结构可用作谓语。张敏（1998）说到"X的"具有述谓性。马真（1981）也指出，"X的""是用来指明中心语的具体内容的"。朱德熙（1978a，1978b）论述了"X的"结构用于判断句"是……的"的情形。"是……的"结构的一种功能就是"区分"与"归类"，用于评估或判定事物的属性或类别。

赵元任（1979）认为，"的"的作用跟表强调的对比重音差不多。笔者认为，无论"X的"独用与否，重读"X"都起到凸显（profiling）的作用，更强调此类"X的"有别于彼类"X的"。当"X的"具有平行的结构时，指别的意义更为明显，由此构成的对比焦点经常见到。例如：

（20）最好的（苹果）＜＞一般的/不好的
（苹果）

木头的（房子）＜＞砖砌的（房子）

值得注意的是，"X的"可含两个（或以上）潜在的焦点，尤其由主谓结构充任的"X"。这两个焦点可分别构成两组不同的分类，构成对比的部分常常被重读。例如：

（21）a.他剁骨头的（刀）/我剁骨头的（刀）/
你剁骨头的（刀）

b.他剁骨头的（刀）/他切菜的（刀）/
他切水果的（刀）

（22）a.昨天来的（人）/前天来的（人）

b.昨天来的（人）/昨天走的（人）

3.2 指别"X的"结构的构成

具有指别和分类意义的"X的"结构，其中的"X"可以是本文开始时列举的任何词类或结构。"X"的构成可从简单的单音节代词、形容词到复杂的主谓结构，因此用于指代的"X的"结构长短不等，短的是两个音节，长的可达数十个音节：

（23）我的（书）

红的（衬衣）

违反本法第二章有关规定，不按照国家
通用语言文字的规范和标准使用语言文
字的，……（《国家通用语言文字法》）

表7举例说明"X的"结构的构造和能否指代的各种情况。"*"表示不可指代，"？"表示有可能指代。

表7. "X的"结构及其能否指代的各种情况

X	"X的"＋中心语	说明及例句
名词、代词、数量词	你的（票）	
	我的（哥哥）	
	我和弟弟的（糖）	
	窗外的（歌声）	"室内的停止了，窗外的又开始了。"
	？下午的（会）	"下午的我就不参加了。"
	府绸的（衬衣）	"穿哪一件？府绸的。"
	两斤的（鸡）	"我要两斤的。"
	*铁的（纪律）	但"铁的（窗框）"
	*科学的（春天）	但"科学的（方法）要继承发扬，不科学的要扬弃"。
	*血的（教训）	但"血的（化验）做了，尿的还没有做"。
形容词	干净的（衣服）	
	重要的（会议）	"重要的我参加。"
	聪明的（人）	
	最好的（烟）	
	？很好的（手机）	"我不要很好的，一般的就可以了。"
	？轰轰烈烈的（一生）	"我喜欢轰轰烈烈的，不喜欢平平淡淡的。"
	*坚决的（态度）	
	*很阔的（人）	
	？麻烦的（事情）	"容易的已解决，麻烦的还没有。"
	*普通的（劳动者）	但"普通的（汽车/房子）"
	*幸福的（生活）	但"幸福的（人）"
动词或主谓结构	？来的（人）	"来的在这里签到，走的别忘了交房卡"；"刚来的（人）""先期到达的（人）"
	吃的（东西）	
	回去的（人）	
	卖菜的（老人）	
	洗好的（衣服）	
	被打倒的（人）	
	送票给我的（人）	
动词或主谓结构	请你看戏的（人）	
	我批评的（学生）	
	我给他的（书）	
	你寄来的（信）	
	汇款的（费用）	

X	"X 的" + 中心语	说明及例句
动词或主谓结构	他喝汤的（小勺）	
	脾气古怪的（老人）	
	孩子考上大学的（家长）	
介词短语	朝阳的（房间）	
	往上海的（火车）	
副词	？暂时的困难	"暂时的不难克服，长期的呢？"
	＊万一的（机会）	
	＊历来的（习惯）	
拟声词	＊当当的（钟声）	

"下午的"在一般情况下不可独立指代，但如果"会议"可以按照不同时间来分类，那么"下午的"即可作为指别性修饰语，选取会议中的一个小类，从而指代"下午的会议"。

"铁的""科学的"和"血的"之所以不能分别独立指代"铁的纪律""科学的春天"和"血的教训"，其原因是，这些都是比喻性的描写，并非真正限制性的指别和分类。如果这些"X 的"用作区别性的修饰语，则用于指代是有可能的，如"铁的（窗框）""科学的（方法）"。

一般认为，"很好的"有点像状态词，是描写性的，不可独用，但如果与"一般的"相对照，从而分别指称两类不同的物品，则用于独立指代也是有可能的。

"副词+的"一般认为是不可以用于指代的。但像"暂时"这样的副词可以与"长期"相区分，如果某类事物有"暂时"和"长期"的性质，则"暂时的"或"长期的"用于指代也是有可能的。

以往认为，"轰轰烈烈"这样的状态词用于描写，但描写表现的是某种情形和状态，此状态区别于彼状态，此情形区别于彼情形，因此描写性"X 的"短语有时也可以是指别性的。在适当的语境下，"轰轰烈烈的"可以指代"轰轰烈烈的生活"，以区分于"平平淡淡的生活"。再如：

（24）这姑娘大大咧咧的。（状态词）

我喜欢大大咧咧的，不喜欢蔫里吧唧的。

（区别词）

他的厨房（汽车、衣着）干干净净的。
（状态词）

我喜欢<u>干干净净的</u>，不喜欢<u>脏兮兮的</u>。
（区别词）

"大大咧咧的"和"蔫里吧唧的"都应该属于状态词，但它们可用来区分不同性格的人，因此可以指代这两类不同的人。同样，"干干净净的""脏兮兮的"既可描写临时的状态，也可表示恒久的特征，因此也可以指代"厨房""汽车""衣着"等中心语。这就表明，说明状况和情形，既是描述性的，有时也可以是限制性的，说明状况或情形的"X的"短语与表明中心语类别的"X的"短语之间并无绝对的界限，不能截然两分。只要情景合适，形容词性的"X的"短语，有时也可以转化成名词性的。

4. "X的"结构指代功能的实现

迄今有关"X的"结构的研究，大都把它当作一个脱离语境的结构来考察，这就如同研究脱离语境的词汇意义一样，不能充分揭示它们的本质。但近期人们已经逐步意识到语境对建构"X的"结构意义的重要作用：只要语境合适，原本不可以指代的"X的"结构可以用于指代。沈家煊（1999）反复强调"语境的调控"。石定栩（2000）谈到了"的"字结构的语用功能。陆丙甫（2003）认为，"的"的基本功能是描写，其区别及指称功能是在语境中从描写功能派生出来的语用功能。

笔者认为，上述具有指别意义的"X的"结构具备了一种用于区分的潜能，当它用于指代时，就成了一种临时建构的指称形式（referring expression）。指称，尤其是情景指称，涉及语言形式与外部环境的关系，应是语用分析的对象。下面就从语用层面谈谈"X的"结构的指代。

4.1 指称形式

Lyons（1995）指出，英语中的专有名词、代词和"名词为中心语的名词短语"可用于指称，是指称形式。笔者认为，指示词从功能和形式上接近代词，可从名词短语分离出来，另列一类。

指称形式的意义有时需要依靠交际情景（语外语境）或语篇（语内语境）确定所指。专有名词，如人名，需根据实际使用的场合确定所指，代词的所指意义随不同的参与者而变化，指示词有时需要配合手势等副语言手段确定所指。

指称可分为情景指称和语篇指称，后者又称语篇回指。发话人使用各种指称形式，希望受话人能够正确提取（access）情景或语篇中的实体或所指对象。上述四类指称形式的词典意义（即内涵和外延意义）及其指称功能是不同的。代词是最为简略的形式（包括汉语中所谓的"零形代词"），它们的形式最为简略，内涵意义贫乏。发话人在所指对象"高度可及"（如就在跟前或在语篇中刚刚被提及）的情况下使用代词，使受话人不必费力就能提取所指对象。作为一种最容易掌握的语言形式，代词专用于情景指称或语篇中最小范围（如句子或毗邻句）中的回指。

指示词的内涵意义包含了远近的概念。与代词一样，指示词也是语言中一种便捷的简略形式，与代词同属于"指示语"（indexicals或deictical expressions），可用于即时的交际情景或小范围的语篇（如毗邻句）的回指，所指对象也具有很高的可及度。

专有名词本不具有任何内涵，它们只是某一实体或概念的名称而已。但实际情况是，语言中使用的专有名词一般都已"身有所属"，被赋予了各个特定的事物，于是它们似乎具有了内涵意义。在美国叫"克林顿"的大有人在，然而提起"克林顿"，我们首先想到的是美国前总统比尔·克林顿。这就是说，专有名词是靠它先设的意义（即名称与所指之间已建立的联系）来完成指称的。

假如世界上所有的事物都有自己专有的名称，并且假定我们能够记住所有这些名称，那么将专有名词用于指称是很方便的，因为发话人和受话人都能明白其所指。但这无疑是不可能的，一方面是因为事物太多，我们不可能对所有事物进行命名，另一方面也因为记住所有事物的名称将使我们的记忆不堪重负。在这种情况下，临时组建的"名词为中心语的名词短语"就大有用武之地。指别性的"X的＋中心语"就可以是这样一种特设的（*ad hoc*）、为了某个特定目的和场合而使用的、临时性的指称形式。

4.2 "X的"结构用于指称

如果说，代词和指示词是依赖所指对象的高可及度实现提取，而专有名词是依靠符号与所指先设的联系实现所指，那么"X的＋中心语"是靠"X的"和"中心语"两者的内涵意义实现所指的。受话人成功提取所指对象的必要前提是这一对象在情景或语篇中能被正确分辨出来，这就要求发话人使用的语言形式在内涵意义上必须足够丰富，即具有足够的用于区别的信息，以便受话人实现提取。

必须指出，"X的＋中心语"中的两个部分都具有区分的功能。如前所述，"中心语"是一类名，而类名可为提取所指对象提供一定的信息，比如在桌子上有"笔、砚台、裁纸刀"等，这时我们说"请把笔拿过来"，听话人就会在桌上各种不同的东西中找出"笔"递过来。但如果桌上有多种笔，而我们这时需要的是其中的一种，则"请把笔拿过来"就会使听话人无所适从，因为光是"笔"这一类名不能做出有效区分。这时我们就需要添加修饰语"X"或"X的"："请把<u>毛笔</u>/<u>红颜色的</u>笔拿过来"。显然"X的"在此有比类名更强的区分功能。

在很多交际情景或语篇中，我们的指称不是从多种事物中挑选一种，而是从同一种事物中选取一个或一小类。由于受经济原则的支配，我们倾向于简化语言形式，这时我们就会略去"X的＋中心语"中的中心语，只使用"X的"完成指称。这就像必要时我们选用代词（包括零代词）、指示词等简略形式一样，只要达意并完成交际功能，我们使用语言时尽可能从简。[18]

如前文所述，"X的"有各种类型，所有这些类型，只要具有区分的功能，

---

18 有关"X的"结构用作指称形式的论述，笔者受到高卫东博士论文（2008）的启发，在此向他表示感谢。

就潜在地具有指称的功能。在汉语中，"X的"结构有时相当于专有名词乃至人名，用于称谓或称呼。"亲爱的""掌柜的""屋里的"等已经成为熟语，临时的如"哎，卖蜂蜜的，你过来！"。"X的"结构可以伴随副语言形式（眼神、手指或嘴的动作）指称语境中的实体，如"我要红的"（手指同时指向红色的衣服、玩具等）。

"X的"结构与英语的有定描述语（definite descriptions）、名词从句、限制性定语从句有相通之处，很多"X的"结构可以与英语的上述形式对译："红的"/the red one，"小的"/the little one，"他买的"/ the one he bought 或 what he bought，"孩子考上北大的"（ the one whose son enrolled in Beijing University）。

"X的"结构与代词、"这/那+（量词）"结构具有一些相同的语法性质，这是它具有指称性的另一佐证。它们可填充共同的语法功能槽，比如都可以独立做主语、宾语。这时这两种结构是一种聚合的关系：

（25）a.您给咱敬酒，说明你们心里有咱。

b.您给咱敬酒，说明<u>当干部的</u>心里有咱。

（26）——你穿哪一件衬衣？

a.——<u>格子的</u>。

b.——<u>那（一）件</u>。

（27）——哪位家长？

a.——<u>孩子考上北大的</u>。

b.——<u>那个</u>。

但是这两种结构也可以处于组合关系，同位复指。在名词短语中，他们可并列修饰中心语，两个结构的位置甚至可以互换。例如：

（28）您给咱敬酒，说明你们<u>当干部的</u>心里有咱。

（29）<u>那件格子的</u>（衬衣）/<u>格子的那件</u>（衬衣）

（30）<u>退烧的那个</u>（药）/<u>那个退烧的</u>（药）

（31）<u>孩子考上北大的那个</u>（家长）/<u>那个孩子考上北大的</u>（家长）

形容词性的"的"字短语与"这/那"结构只有组合关系，没有聚合关系，因为形容词性的"的"字短语不具备名词性质，不能单独使用。平时见到的很多是这类结构，如"这个汗淋淋的女人"。

4.3 对指代"X的"结构的识解

独用的"X的"结构是一种形式上的简化，符合语言使用的经济原则，然而简化的前提是完成交际。语言符号具有内涵和外延等词典意义，在实际使用时具有特定的功能意义，而参与交际的人具有百科知识或共享知识，具备解读上述意义并进行推理的能力。一般来说，实际使用的任何语言都是简化了的表达，语言符号不可能表达所有的意义，对完整意义的解读需要人的推理。

根据Grice（1989）量的准则，发话人假定受话人具有必备的知识（即时和现场语境的知识、语言知识、百科知识或共享知识），所使用的语言形式一般不超出必需的量，以最简洁的语言形式表达足够多的意义；而受话人则也总是假设对方在按照交际的合作原则办事，所提供的形式的量恰到好处，会尽力为所收到的语言形式寻找合理的解释。如果不能从即时和现场语境以及语言形式中得到所有必需的信息，按照关联理论的说法，受话人就会做一定的"补足"（enrichment），即调用与该交际有关的语言知识、百科知识等，运用推理以补充词语表达意义的不足，从而形成准确的理解（Sperber & Wilson，1995）。受话人形成正确理解的过程称为"识解"（construal）。

如前文所述，指别性"X的"结构中的"X"提供了用于区分和提取的信息，"X的"独立指代时，其未足的信息来自各个方面。

（一）语外语境

这时"X的"的所指存在于受话人感官所及的现场语境中，发话人在指称所指时，往往伴随手势、眼神等副语言形式或使用指示的工具。"这是兔子的，这是牛的，这是羊的，这是狗的"，这时"X的"的意义要看动物标本陈列室的讲解员当时指向的是"尾巴""心脏"还是"骨骼"，省略掉的中心语的所指显然具有同一性，可用同一个类名。

（二）语内语境

"X的"所指对象可在上下文找到，很多情况下可直接用于修饰所指代的事物。例如：

> （32）发现岛上"别墅"很多，<u>白色的</u>、<u>灰色的</u>、<u>米黄色的</u>，错落有致，各具特色。（国家语委语料库）

> （33）最明显的现象是"不良建筑综合征"，表现为人容易疲乏无力，喉咙发干，眼睛刺痛，注意力不集中等。<u>严重的</u>，会导致恶心、休克，甚至威胁体内的胎儿，诱发癌症。（《读者》）

> （34）组织各级党政干部开展家访活动，慰问退休工人和伤病职工，<u>生活上有困难的</u>及时给予经济上的补助。（国家语委语料库）

这类"X的"的使用最为广泛，所指往往可以在同一个句子或毗邻的句子中找到。

（三）语言知识

对"X的"的识解有时还要依靠受话人的语言知识，包括对所含词汇的意义以及语法结构（如动词短语和主谓结构）意义的了解。但是，语境知识一定先于语言知识发挥作用。后者只有在前者不管用的时候才会调用。

如"孩子摔坏的"中的主谓结构既可能是"主+动+___（宾）"也可能是"___（修饰语：领有者）主语+谓语"的意义，前者缺少一个论元，后者则只差一个主语的修饰语。[19]因此这一短语既可指代"杯子"（"孩子摔坏的杯子"），也可指代"家长"（"孩子摔坏了的家长"）。

（四）百科知识

这是发话人和受话人共有的各种社会、生活、文化方面的知识。从认知心理学或认知语言学的角度讲，这些包括前文所述的框架、图式、脚本、场景

---

19 这里并非说一般的语言使用者都知道这些语言学概念和术语，而是说他们能够根据语境为这些结构解歧。

等。这些"认知框架"或"理想认知模式"涵盖组成成分、组合方式、步骤、程序等知识。比如跳舞要有舞伴、场地、灯光，上课要有课本、老师、同学，事件的发生要有时间和地点，这些都是人们熟悉的要素。

（35）他上课的（课本/地点/时间/同学）

（五）交际双方共有的知识

这类知识和第四类不同，它只限于参与交际双方共享的知识，如不久前经历的事件、共守的秘密等，也包括受话人现场或即时了解的情况，如读者在读小说时只有了解先前发生的人和事，才能理解当前的句子。例如：

（36）闪电般地照亮了一个陌生新奇而又无比鲜艳的世界。拥有这世界的无意中敞开了自己，让初涉而稚嫩的惊诧于它的高低和黑白。（刘恒《伏羲伏羲》）

"拥有这世界的"指洗澡中的婶婶，"初涉而稚嫩的"指无意中看到婶婶洗澡的侄儿。

5. 结语

小结本文：①"X的"指代的条件和限制不取决于中心语是具体还是抽象，所指代名词的格是前面动词短语的核心格还是外围格。②"X的"指代与名词的配价不一定有关联，即不管可省略的中心语是一价名词还是与其关联的名词。③名词之间不存在缺省的（default）显著度孰高孰低的问题。显著度提高，即凸显，发生在语言使用的过程中。④"X的"可用于指代的各种情况，都因为"X的"具有潜在的指别功能，它的作用是从由中心语所指的事物中挑出特定的实体或类别，以区分于其他实体或类别。⑤"X的"的各种类型，只要具有区分功能，就潜在地具有指称的功能。指代的"X的"是一种即时使用的、简化了的指称形式，像代词和指示词一样，同样受经济原则的支配。⑥尽管"X"提供了部分用于区分的信息，但是要成功提取所指对象，受话人还有赖于语用推理，这涉及语言知识、百科知识以及共享知识等。

参考文献

- 高卫东. 语篇回指的功能意义解析 [D]. 上海：上海交通大学出版社，2008.
- 陆丙甫. 定语的外延性、内涵性和称谓性及其顺序 [C]//中国语文杂志社，编. 语法研究和探索（四）. 北京：北京大学出版社，1988：102-115.
- 陆丙甫. "的"的基本功能和派生功能——从描写性到区别性再到指称性 [J]. 世界汉语教学，2003 (1)：14-29.
- 陆丙甫. 语序优势的认知解释：论可别度对语序的普遍影响（上）[J]. 当代语言学，2005a (1)：1-15.
- 陆丙甫. 语序优势的认知解释：论可别度对语序的普遍影响（下）[J]. 当代语言学，2005b (2)：132-138.
- 陆俭明. "的"字结构和"所"字结构 [C]//中国语文杂志社，编. 语法研究和探索（一）. 北京：北京大学出版社，1983：57-68.
- 吕叔湘. 论"底""地"之辨及"底"字的由来 [C]//吕叔湘. 汉语语法论文集. 北京：商务印书馆，1984：122-131.
- 马真. 简明汉语实用语法 [M]. 北京：北京大学出版社，1981.
- 沈家煊. "有界"与"无界" [J]. 中国语文，1995 (5)：367-380.
- 沈家煊. "转指"和"转喻" [J]. 当代语言学，1999 (1)：3-15.
- 石定栩. 语义、句法、话语和语用的关系——从"的"字结构谈起 [C]//中国语文杂志社，编. 语法研究和探索（十）. 北京：商务印书馆，2000：310-325.
- 石毓智. 论"的"的语法功能的统一性 [J]. 世界汉语教学，2000 (1)：16-27.
- 袁毓林. 一价名词的认知研究 [J]. 中国语文，1994 (4)：241-252.
- 袁毓林. 谓词隐含及其句法后果——"的"字结构的称代规则和"的"的语法、语义功能 [J]. 中国语文，1995 (4)：241-255.
- 张敏. 认知语言学与汉语名词短语 [M]. 北京：中国社会科学出版社，1998.
- 赵元任. 汉语口语语法 [M]. 吕叔湘，译. 北京：商务印书馆，1979.
- 朱德熙. 说"的" [J]. 中国语文，1961 (12)：1-20.
- 朱德熙. 关于《说"的"》[J]. 中国语文，1966 (1)：37-46.
- 朱德熙. "的"字结构和判断句（上）[J]. 中国语文，1978a (1)：23-27.
- 朱德熙. "的"字结构和判断句（下）[J]. 中国语文，1978b (2)：104-109.
- 朱德熙. 自指和转指：汉语名词化标记"的、者、之、所"的语法功能和语义功能 [J]. 方言，1983 (1)：16-31.
- 朱德熙. 现代汉语形容词研究 [C]//朱德熙. 朱德熙文集（第二卷）. 北京：商务印书馆，1999：1-37.

- GRICE P. Studies in the way of words [M]. Cambridge: Harvard University Press, 1989.

- LYONS J. Semantics Vol. 2 [M]. Cambridge: Cambridge University Press, 1977.

- LYONS J. Linguistic semantics: an introduction [M]. Cambridge: Cambridge University Press, 1995.

- SPERBER D, WILSON D. Relevance: communication and cognition [M]. Oxford: Blackwell, 1995.

八 汉语没有"中动结构"[20]
——兼与英语中动结构相比较

1. 引言

根据英语和其他语言中动结构或称中动句（下文"中动结构"和"中动句"互换，意义相同）的句法和语义界定属性，有不少学者认为汉语也具有中动结构。而笔者的看法是，汉语中实际上不存在所谓的中动结构。认为汉语中存在中动结构是比附英语等西日耳曼语言中动结构的结果。理由见下文。

2. 英汉"中动结构"研究概述

《解放军外国语学院学报》2011年第4期刊载了杨佑文的《英语中动结构：典型与非典型》一文（以下简称"杨文"），作者认为，典型的英语中动结构由NP+V+AP三部分组成。NP是V的逻辑宾语，但在句中充当主语；V是呈简单主动形式的及物动词；动词后需带上补足语或称修饰语AP。中动结构的语义是，主语所表述事物的内在特征使动词所表述的事情以修饰语所表述的方式发生。从语用学的角度来说，中动结构涉及的命题主要是针对主语而言的，所要表达

---

20 原载《解放军外国语学院学报》2011年第5期，7—12页，现略有修改。

的交际意图（illocutionary force）是对主语性质的评价。

杨文指出，英语原型中动结构具有下列界定属性（defining properties）：① 受事论元为主语，② 隐含施事论元，③ 通指性和非事件性，④ 事件责任或称特性归因。杨文同时认为，事物易发性和事物适意性是典型的英语中动句，上述四个属性同时适用；英语中另有设计特点类中动句，但不如前两者典型，四个属性只有①和③适用，其余两个不再适用。原型以外，杨文根据上述四个属性适用的情况，论述了非典型的英语中动句。在前人研究的基础上，杨文提纲挈领，对英语中动句做了相对全面和清晰的描述。

根据英语和其他语言中动句的句法和语义界定属性，有不少学者认为汉语也具有中动结构，它们具有以下性质：

1）中动结构的形式是 NP+V–起来 +AP。它表述的意义是：句首 NP 具有这样一种属性，在 V–NP 的时候，它通常呈现 AP 这样一种状态。语用上，中动句用以表达说话人做出评论（NP 具有 AP 这种性状）的根据和信息来源，即对话题部分的说明是根据什么样的参照标准而得出的（曹宏，2005b）。

绝大多数研究者把汉语虚化意义的"起来"看作是汉语中动句的标志，如 Sung（1994）、Ji（1995）等。他们认为，"起来"表"起始"义（曹宏，2004）或评价义（Ji，1995）。中动句对动词的选择跟"起来"表示"向上"或"起始"的基本意义相关（Ji，1995）。

2）主语是动词的受事格（Sung，1994；Ji，1995）。但也有学者认为，汉语的中动句可由工具和处所充当主语，这一"受事是广义的"（何文忠，2007；曹宏，2005b）。

3）具有通指性解读：隐含施事是任指的，所表达的命题是通指的（曹宏，2005a），句法主语是通指的（Ji，1995）。

4）是非事件性的或泛时性的，句中不允许出现动词进行体形式，不允许有特定的时间表达（Ji，1995）。

5）修饰语部分不允许指向施事的副词性表达（Ji，1995）。

可以看出，汉语学者对汉语"中动结构"性质的概括与英语的相似。当带着先入为主的概念和框架去往汉语中寻找的时候，人们不难找到与英语中动结

八　汉语没有"中动结构"——兼与英语中动结构相比较

构类似的对等物，因为汉语必定具有一些形式或结构能够表达同样的意义。

对语料的调查表明，汉语中带"起来"的受事主语句确实能够表达与英语中动结构相近的意义。以往对汉语中动句研究所引用的例子大多也是"起来"句。下面是笔者从北京语言文化大学《人民日报》（1998）语料库中检索到的一些例子：[21]

> （1）八处总统府邸面积加起来，也只有31平方公里，查起来并不难。

> （2）只有"大段时间"才好办事情，用起来才方便，而零星的"小段时间"，一次办不完一件事，用起来有些麻烦。

> （3）收费犹如"臭豆腐"，闻起来臭，吃起来香。

> （4）这些沿江城镇设的垃圾场不少已使用了几十年……治理起来很困难。

这些"起来"句表达了"主语所表述事物的内在特征使动词及修饰语所表述的事情得以发生"的意义，也基本符合英语中动句的界定属性。但需要注意的是：英语中动结构总是表达事物的易发性、便捷性和适意性，一般具有正面的意义，而这些句子既表达正面意义，如例（1），也表达负面意义，如例（4）；有的还表达了其他评价意义，如例（3）的"臭"和"香"；此外例（1）"查"的对象是什么，并不明确。这些都已体现了与英语的差异。

毫无疑问，汉语"起来"句能够表达英语中动句的意义。然而既往研究引用的例子以及从它们抽象出来的有关汉语"中动句"的性质都不能说明汉语中就存在中动结构，也不能说明"起来"句就是英语中动句的对等句式。

---

21 除了标明出处的以外，本文的例证大多来自北京语言文化大学《人民日报》（1998）语料库，少量来自北京大学现代汉语语料库，出处不再标明。

3. 汉语没有"中动结构"

汉语存在"中动结构"的说法存疑。断言汉语中存在中动句，实际上是比附英语等西日耳曼语言中的中动结构。

毫无疑问，语言间具有共性，比如都有元音和辅音，都有名词和动词。语言会有共同或类似的形式和结构。当断言两种或两种以上的语言共有某种结构时，首要的前提是这些结构具有相同的形式，且表达相似的意义，完成相近的功能。譬如说英语和汉语都有双及物结构（ditransitives），因为它们都可以用VP+NP$_1$+NP$_2$来描述。更重要的是，在两种语言中，这一结构都表达相似的、相对统一和明确的意义——"给予"。[22]

因此，在研究跨语言的结构并做比较的时候，必须确定两种语言是否共有这一结构，首先要看形式是否相似，然后要看它们是否表述相似或相近的意义。单看形式或单看意义都不行，必须形式与意义结合起来看。否则研究就没有意义。

共性以外，语言间还有差异，语言还具有个性。一种语言在语音、词汇、语法等各个方面会有其独特性，譬如具有有别于其他语言的形式和结构。"把"字句、"得"字句、动结结构等是汉语所独有的，英语中没有；而resultatives、it-clefts等是英语所特有的句式，汉语中没有。

与语言共性一样，语言个性同样值得研究。譬如一个特殊的句式具有独特性，体现在形式上它可能是非常规的，这使得它与众不同，能相对独立地存在；而且这一句式往往表达相对统一和明确的、特定的意义和功能，这就是说，它的意义和功能同样具有独特性。更重要的是，这一特殊句式的形式与意义及功能相互匹配，即同样的意义总是伴随着相应的形式出现。

在英语等语言中，中动结构就是这样一个特殊、非常规、功能专一的句式，其形式和意义的独特性以及两者的匹配关系是显然的。

---

22 但汉语双及物结构还能表示"取得"，如"他们分了地主家十亩地"。

所谓"中动"是相对于"主动"和"被动"而言的，在英语这样的语言中，有语法形式表明主动和被动的区分。中动句以主动的形式表达被动的意义，动词看似不及物，实则及物，因此具有特殊性，故而得名。而且，这一非常规的句式表达特定的意义并完成特定的语用功能。这些特点引发了人们的研究兴趣，人们试图找到这类句式的界定属性，以揭示其存在的理据以及与其他句式的区分。譬如人们发现，英语中动句和被动句虽然都抑制了施事（demoting the agent），但深层的语义是不同的；同时还发现，中动句与非宾格句（unaccusatives）、非作格句（unergatives）既有相似之处，也有不同之处（Yoshimura & Taylor，2004：302）。

再来看汉语。历史上，仅就语法形式而言，汉语原本无所谓主动和被动，更不用说中动。这些语法概念都是比附西方语言学理论的产物。汉语中的主动和被动在形式上是模糊的，并无明显的标记。"被"字似乎是被动的标记，实则不然。表达被动意义在汉语中通常不用"被"，"被"字常常用来表达特殊的（负面的）意义。无标记被动句在汉语中是常态。由于主动和被动在形式上不分，因此中动也就无从谈起。因此汉语中不存在所谓的"中动句"。

即便撇开"主动""被动""中动"的概念不谈，即我们不用"中动句"的名称，汉语中也不存在一个形式相对特殊、意义相对独特、功能相对专一、恰好对应于英语等语言中动结构的特殊结构。若果真如此，我们可以用更高层次的元语言来描述两种语言共有的这一结构。

毫无疑问，汉语有能力和手段表达英语中动句的意义，但它不具备一个相对统一的句式专门用来表达这一意义。汉语有带"起来"的受事主语句可以表达英语中动句相应的意义，但这类"起来"句绝不是英语中动句的对应句式，理由是"起来"句不是专门用来表达中动意义的，它们只有一小部分与英语中动句的意义和功能形成交集，大部分与中动句只是部分关联甚至毫无关联。这一点下文将会论及。

从另一角度看，带"起来"的受事主语句不是英语等语言中动结构的对等物，还因为受事主语句和"起来"句都是汉语的常态。汉语中以受事为主题的句子数量极多，原因是汉语具有主题突出的特点，倾向于把要陈述的对象首先说出，形成主题，因此受事主语句不是独特的句式。另一方面，"起来"是汉语的一个体标志（aspectual marker），以这样一个语法助词构成的句子是无限的，不能构成独特的句式，就像我们无法把加上英语 ing 或 ed 的句子当作独特的句式一样。

综上所述，在英语等语言中，中动句是形式和意义上独特的句式，是这些语言中的非常态现象，理由是原本常态的宾语在中动结构中用作了主语，而原本的及物动词以不及物的形式出现。而"起来"句或受事主语句在汉语中是常规的句子，两者不具可比性，不能因为带"起来"的受事主语句有一小部分能表述相应的意义就断言汉语中存在中动句。

4. 汉语"起来"句不是英语中动句的对等句式

为什么汉语"起来"句被认为对应于英语的中动结构，以至于"起来"被认为是汉语中动句的标志呢？

"起来"在汉语中表达"向上位移"的意思，如"站起来""抬起来"，但对语料的调查表明，在汉语中"起来"多被用来表达虚化的意义，表征物理位移的反在少数。Talmy（2000）从类型学角度指出，有的语言的动词或形容词只是表征处于动态或静态的意义（being-in-a-state），要表达"进入"（entering-into-a-state）或"使进入"（putting-into-a-state）该状态时需要另加助词，他称之为"satellite"（"附加语"）（Talmy，2000：78-88）。笔者认为，汉语就是这一类型的语言。汉语单个动词一般表述或静或动的状态，如"站""躺""蹲""跑""弯"等，在要表示进入某一状态时，需要添加"起来""上去""下来"这类汉语语法称之为"趋向动词"的语类。在上述动词后添加"起来"，可表示"进入"某一状态，"站起来"就是从"不站"进入"站"的状态，"跑起来"就是从"不跑"进入"跑"的状态，相当于德语中的 los-，laufen 是"跑"，loslaufen 就是"跑起来"。因此笔者认为，"起来"是汉语表述"起始"体的一个标记。

"起来"虽然表述事件的起始阶段，但在汉语中常用来代替整个事件，因为要完成某一事件，它首先得"开始"。用一事件过程中的某个阶段代表整个过程的语法现象叫作语法转喻。"起来"常用于这样的语法转喻。如前所述，中动结构具有泛时性特征，它表述的不是某次具体的事件，因此可以说具有假设的情态（epistemic modality）（Lekakou, 2002）。"起来"表示"起始"的意义，正好适用于表达中动句假设的情态，即要出现句子所描述的情状，事情先得开始。汉语中有不少"起来"句正是表达了这种假设义。例如：

> （5）兔子跑起来，实际上是跳跃前进，一跃
> 　　　三五米远……
> （6）比如铀，300吨海水中才含有1克，采集
> 　　　起来太困难了。

英语中动句具有假设的情态，而"起来"在汉语中也能用来表达假设的意义，因此"起来"句被选为英语及其他语言中动句在汉语中的对应结构是有理据的。

然而，仅仅因为"起来"能表达虚化或假设的意义就断言"起来"句是汉语中的中动句，即认为两者对等是不合适的。理由有三条：① "起来"句只有一小部分与英语中动句相似；② 这一部分"起来"句的形式和意义也比英语中动句复杂和多样；③ 汉语表达中动句意义的形式不限于"起来"句。

4.1 "起来"句只有一小部分与英语中动句对应

笔者对《人民日报》（1998年）语料库（共计2 700万字）进行了以"起来"居中的索引行检索。然后用人工的方法先剔除"起来"表示物理位移或用作谓语动词的各行（"站'起来'""扶'起来'""爬'起来'""再也没有'起来'""'起来'推翻北洋政府"等），再剔除"一'起来'"等没有意义的各行，共获得"起来"用于虚化意义的索引行2 952条。

在这些索引行中，"V-起来"处于各种复杂的句法环境。它们充任各类句子成分或是更大句子成分的一部分，可做定语、状语，也可单独或与别的动词短语并列做各类主句和从句的谓语等。

另一重要特征是，"起来"前的V可以是真正的动词，也可以是形容词、

副词甚至其他任何可以表征某种状态的语类。动词以外的例子如：

　　　　　（7）要让襄樊<u>净起来</u>、<u>亮起来</u>、<u>绿起来</u>、<u>高起</u>
　　　　　　　　<u>来</u>、<u>美起来</u>……

　　　　　（8）去年年底还面临被淘汰出队的围棋三段邹
　　　　　　　　俊杰，今年伊始忽然"<u>风风火火</u>"<u>起来</u>。

　　　　　（9）我开始借《林海雪原》等小说，后来对一
　　　　　　　　些名人传记也"<u>情有独钟</u>"<u>起来</u>。

　　　　　（10）所谓天王就唱过那么几首歌，歌唱和表
　　　　　　　　演水平也不见得就多么高，怎么就"<u>天</u>
　　　　　　　　<u>王</u>""<u>地王</u>"<u>起来</u>？

　　此外，动词 V 可以是及物的，也可以是不及物的，如例（11）和例（12）。
如是及物动词，其宾语不一定是句首 NP，而是某个隐含或省略的受事，如例
（13）。

　　　　　（11）它有一双异乎寻常的长腿，因而<u>奔走起</u>
　　　　　　　　<u>来</u>可能速度奇快。

　　　　　（12）连日来，蓝筹股偶尔小步回升，但<u>跌起</u>
　　　　　　　　<u>来</u>却势如破竹……

　　　　　（13）这样做是受贿……不如补个借条，万一
　　　　　　　　<u>查起来</u>也好应付。

　　值得注意的还有，这些索引行中 NP 和 V 的语义关系错综复杂。英语中动
句的 NP 与后面 V 的关系是"受事–动作"关系。此外英语中动句也有一些非
典型的例子，其句首 NP 不一定是受事，而有可能是工具、场所、材料等旁格
论元（杨佑文，2011）。但无论如何，句首 NP 绝不可能是施事。

　　相比之下，"起来"句可以自由地选择不同的论旨角色作为句子的起点。
N 和 V 之间可呈现各种不同的语义关系。受事可以作为叙述或描写的着眼点，
其他旁格论元，如工具、处所、材料等也可出现在主语位置上作为叙述或描写
的着眼点，种类比英语非典型中动句更多。例如：

　　　　　（14）这杆秤<u>称起来</u>不太准确。

八　汉语没有"中动结构"——兼与英语中动结构相比较

（15）高速公路开起（车）来很畅快。

（16）公款吃起来很惬意。

（17）研究生考起来不容易。

能否将句首NP和动词V还原成动宾结构是检验中动结构的方法之一。"受事NP–动作V"和"旁格NP–动作V"都可以完成动宾关系的转换，这是因为汉语宾语不仅仅是受事，还涵盖其他论旨角色。与印欧语言相比，汉语的动宾关系要松散得多。许多在日耳曼语中必须借助介词来引介的语义成分，如工具、处所、材料等在汉语中均可直接用作动词的宾语，体现出不同的语义关系。说话人想描述这些语义成分时，就可以将其前景化为主语，不需要借助介词等形式，然后通过某个动作或过程来表述它的内在属性。

如果说受事NP及其他旁格论元NP与英语中动结构在句首NP方面还有所对应的话，NP和V的语义关系为"施事–动作"的这类句子算作中动句就十分勉强了，但汉语中存在大量主语是施事而非受事的"起来"句，同样表达评价的意义。

（18）像琼这样的退休专家以"义工"身份重返原岗位，工作起来自然轻车熟路，得心应手。

（19）这种食肉恐龙身长估计在3米至4米，行动起来像猫一样轻便。

（20）这些东西现在的孩子们接受起来有一定困难。

例（20）在动词前既有受事，也有施事。

在这些纷繁芜杂的索引行中进一步寻找表达评价意义的"NP+V–起来+AP"形式，并尽量满足英语中动句各种限制属性的要求，十分困难。经过努力，笔者在2 952条索引行中共找到这样的句子115个，平均每100例中3.9例。

笔者另从《围城》这部小说的语料库中查得共124条带有"起来"的索引行，找到大致符合中动句限制条件的受事主语句共7句，其中包括"想起来"两例，"说起来"一例，平均每100例中5.6例，现举其中3例：

（21）你以后图章别东搁西搁，放在一定的地方，<u>找起来</u>容易。

（22）我想（她）程度不会好，你用心准备一下，<u>教起来</u>绰绰有余。

（23）这副牌是美国货，橡皮做的，<u>打起来</u>没有声音。

4.2 与英语中动句对应的"起来"句意义广泛，形式复杂

仅就找到的这些例子而言，它们与英语中动句也有很大的差异，形式、意义和功能绝不是铢两悉称的。下面我们来细看。

4.2.1 表达的意义广泛

英语中动句主要评价物体，其功能大多为褒扬某物的优点或特质，因此多出现在广告中（Yoshimura & Taylor，2004）。相比之下，"起来"句不只是描述物体，更多的是描述人和事。

（24）这个题目太大，<u>回答起来</u>恐怕要写成一部书，非我力所能及。

（25）近年来已颁布的有关法律规定和中央、国务院已出台的关于增加教育投入的不少政策，<u>落实起来</u>举步维艰。

（26）在技术与艺术这两个不同的门类中，<u>沟通起来</u>是相当困难的。

"起来"句有很大一部分表述人的体验，其中出现"听起来""看起来""闻起来""说起来"等的句子占了很大的比重。英语中动句没有类似的表述：

（27）这个提法在当前的条件下<u>听起来</u>也许很不顺耳……

（28）状况最好的女排女足，<u>看起来</u>也很难保住奥运会第二的位置。

（29）面粉色泽白净、均匀细腻，手感很好，

闻起来也没什么异味。

值得注意的是，"起来"句未必评价难易、便捷与否等性质，它可以表达效果、方式、预期或虚拟的结果等。

> （30）这种相互交织、多头控制的规定看起来非常严格，但实际执行起来漏洞很多。

> （31）剧团甚至考虑到企业的名称是否文化韵味十足，读起来响亮。

> （32）楷书写起来见效甚慢。

英语中动句具有通指性和泛时性的特点，不针对某个具体的人或某次具体的事件。而"起来"句却不受此限制，大量的"起来"句表达的是具体的事件。

> （33）这次地震损失惨重，恢复起来很困难。

> （34）追索欠款3 000元的任务并不算重，但这位老会计执行起来却颇多周折。

> （35）陪好朋友来买羊绒衫的张小姐似乎是这方面的专家，挑选起来对色泽、手感、柔软度、松紧度等说得头头是道……

4.2.2 各部分的形式及其关系复杂

（一）NP形式多样

NP不仅可带有各种定语，如例（37），而且有可能是动词性的，如上面的例（34）和下面的例（37）。例（36）的主语带有方位词"上"，需去掉后才能成为后面"吃"的宾语。

> （36）树叶上满是尘土，吃起来要呛嗓子眼。

> （37）法国对外经济政策的调整虽然方向和目标明确，但推行起来也并非一帆风顺。

有时，NP的句法位置并不明确，不一定位于句首，且动词V到底与前面的哪个NP构成句法和语义关系并不清楚，需靠知识和语感推理后才能确定，有的可能有不同的解读。

（38）各国意见不同，协调起来相当困难。

（39）他思路敏捷、明快，遇事有想法、有办法，做起来雷厉风行，节奏很快。

（40）至于知识的欠缺问题，只要意识到，有足够的努力和智慧，补起来也是很快的事。

例（38）到底是"协调各国"还是"协调意见"，或两者兼而有之，并不明确；例（39）显然是指"做起（事）来雷厉风行"，这个"事"包含在前面短语"遇事"之中；例（40）中"补"的宾语不好确定，是"补知识"还是"补欠缺"，只好见仁见智了。

（二）AP并非简单的修饰语

"起来"句动词的多样性上面已经提及，与英语中动句形式上的另一差异是AP（修饰语）的复杂性。前者的修饰语往往是单一的副词或介词短语，至多还可能是比较结构、独立结构等（杨佑文，2011）。而"起来"句动词后的修饰语不仅是副词，而且可以是单独形成谓语的各类形式。

（41）臭豆腐闻起来臭，吃起来香。

（42）小立法实施起来作用大。

（43）典型的技术型打起来颇有节奏。

（44）她洗的菜吃起来有些碜牙。

（45）那些话听起来就像刀子一样往心里扎。

值得注意的是，AP的语义指向相当复杂，它并不一定指向动词或受事主语。它可指向施事或隐含的施事：

（46）名词解释甚至配有录像片断，孩子们学起来当然兴趣盎然。

（47）我每次读起来都有新鲜感。

（48）地是熟地，开起来不那么费力。

（49）内容是家乡地理、物产、人文景观等的介绍，读起来倍感亲切。

例（48）和例（49）中的NP是受事，V的施事在句中并不出现，但AP却是陈述施事的。

4.3 表达英语中动句的意义汉语尚有其他形式

已有学者认为，汉语中动句动词后的助词不限于"起来"，尚有"上去""着"等。除了NP+V–起来+AP以外，尚有"NP+V–上去+AP""NP+V–着+AP"等（曹宏，2004）。

笔者在《人民日报》（1998）语料库中共检索得到276条带助词"上去"的索引行，能与中动句意义大致对应的有32例，但除去"看上去"29例和"听上去"1例，含其他动词的只有两例：

> （50）窄窄的山路铺着厚厚的落叶，<u>踩上去</u>松软而有弹性。

> （51）良性肿瘤外周多有一层包膜，<u>摸上去</u>表面光滑且可活动。

在笔者所检索的语料库中，用"着"做助词的例子符合中动句意义的例子极少，在北京大学现代汉语语料库中只查得一例：

> （52）青春片<u>看着</u>好看，好像时装，能反映时代的特点。

然而，汉语未必都需要"起来""上去""着"等才能表述中动句的意义，另有一些副词可用于动词之前，表达各种事情做起来难易或适意的程度。譬如英语"This book reads easily"可以译成"这本书读起来容易"，也可译成"这本书易读"；"The car drives well"在汉语中可以说"这部车好开"。"好""易""难"等单音节副词在这里相当于中动句中的修饰语，只是位置是在动词之前。其他例子如：

> （53）小孩子<u>好蒙</u>。（自拟）
> （54）红歌<u>好唱</u>。（自拟）
> （55）这个字<u>难写</u>。（自拟）

这些句子无一例外都表达了由于主语所表征的事物具有这样那样的特性，针对这个事物的动作容易实现或者难以实现。"小孩子"单纯、不谙世事，所以

"好蒙";"红歌"旋律简单,因此"好唱";"这个字"笔画多,所以"难写"。

笔者在北京大学现代汉语语料库中查得带"好卖"的例子共191条,删去所有无关的例子,得到大致符合中动句的例子共99条。可以推测,"好"作为"容易"的意思出现在(单音节)动词前的用法数量相当可观。

而且,如果考虑"容易"等词出现在动词前的用法,并把所有表达难易和适意程度的情况都考虑进去,则汉语中相当于中动句的表达形式还要大幅增加:

> (56)当场命题的作文<u>不容易写</u>。(自拟)
>
> (57)这本性教育教材尺度太大,<u>不适合在教室里使用</u>。(自拟)

由此可见,汉语中并非只有带"起来"的受事主语句才对应于英语中动句,而是有多种句式,这进一步说明汉语中不存在形式和意义都相对明确和统一且两者相匹配的所谓中动句。

5. 结语

按照英语中动句表达的意义及其界定属性来看,汉语"起来"句中只有很小一部分与英语中动句构成交集。大部分"起来"句不符合这些条件,因此不能称之为"中动句"。即便是与英语中动句对应的那些句子,其形式和意义也有诸多差异。此外,汉语另有一些其他结构能够表达类似意义。汉语能够表达中动句的意义和功能,但汉语没有一个独立、特定的句式对应于英语的中动句。认为汉语中存在中动句是比附英语等语言中中动结构的结果。

参考文献

- 曹宏. 论中动句的句法构造特点 [J]. 世界汉语教学，2004 (3): 38-48.

- 曹宏. 论中动句的语义表达特点 [J]. 中国语文，2005a (3): 205-213.

- 曹宏. 中动句的语用特点及教学建议 [J]. 汉语学习，2005b (5): 61-68.

- 何文忠. 中动结构的认知阐释 [M]. 北京：科学出版社，2007.

- 杨佑文. 英语中动结构：典型与非典型 [J]. 解放军外国语学院学报，2011 (4): 18-23.

- LEKAKOU M. Middle semantics and its realization in English and Greek [C]//NEELEMAN A, VERMEULEN R. (eds.) UCL working papers in linguistics, 2002 (14): 399-416.

- JI X. The middle construction in English and Chinese [D]. MA thesis. The Chinese University of Hong Kong, 1995.

- SUNG K. Chinese middle construction [D]. University of California at Los Angeles, 1994.

- TALMY L. Lexicalization patterns [M]// TALMY L. Toward a cognitive semantics, Vol. 2. Cambridge: MIT Press, 2000: 21-145.

- YOSHIMURA K, TAYLOR J R. What makes a good middle? The role of qualia in the interpretation and acceptability of middle expressions in English [J]. English language and linguistics, 2004: 293-321.

九　论汉语带"宾语"自致使动结式[23]

1. 汉语一般动结式和自致使动结式

1.1　一般动结式

严辰松、刘虹（2018）提出，汉语一般动结式呈现两种格式：$N_1+V_1+V_2+N_2$ / S+V+R+O（一式）和$N_1+V_1+V_2$ / S+V+R（二式）。斜杠前表示动结式的词类构成，斜杠后代表的是语法关系。动结式是包括S（和O）在内完整的句式，而非仅指VR结构。

VR即通常所说的"述结"或"动结""动补"，是动结式的复合谓语，S和O分别是整个动结句式的"大主语"和"大宾语"，有别于V_1或V_2作为底层动词的主语和宾语。底层动词论元经由VR复合谓词的配置提升为表层大结构的论元。

变元、致因、致元是一般动结式的3个重要概念。变元是承载变化结果的实体，致因和致元是致使结果发生的始源，致因代表一个事件，致元代表一个实体，致因中可含或不含致元。所有带VR（述结）结构的句子都含变元。R的语义永远指向变元。

一般动结式表达致使复合事件，由动作（使因）子事件加结果子事件构

---

23 原载《解放军外国语学院学报》2019年第1期，66—73页。

成，其核心意义是受到影响的主体及其所经历的状态变化（严辰松，2019）。"变元"加"变化结果"的"变化复合体"是任何动结式不可或缺的内容。

一般动结式可按变元在句中的位置进行分类。凡表述变元的名词成分处于O位的，属于致因凸显动结式，此时致元或致因的一部分处于S位，与变元形成各执一端的格式。例如"司马光砸破了水缸"。凡表述变元的名词成分处于S位的，属于变元凸显动结式。变元凸显句可含或不含致元。如"金鱼饿死了"和"门牙碰掉了"，前者含致元，后者不含致元。

汉语动结式对V和R有接续要求，在带VR结构的任何句式中，V和R相连，中间不能插入其他成分。[24]

1.2 自致使动结式

致使关系可分为"他致使"（externally caused）和"自致使"（internally caused）两类。他致使指的是受使者（一般是变元）受到外来影响而产生状态变化。自致使指的是变元受到自己行为或动作的影响而发生状态变化。如"小家伙走累了"，"小家伙"（致元）通过"走"（致使方式）使自身（变元）"累了"（结果）。在这里变元同时也是致元。

自致使句是汉语动结式中比较特殊的一类，格式为S+VR+(O)，可含或不含O。S（即大主语）所指通常是能因自主行为引发自身变化的生命体，也可以是自然界中能因自身属性或状态引发自身变化的非生命体。例如"福林病倒了""我们有时候闹累了"（生命体），"花生霉烂了""车铃锈蚀了"（非生命体）。

自致使句因变元位于句首，属于变元凸显句，但变元和致元同一，有别于其他变元和致元非同一的变元凸显句。例如"留声机的针头也磨秃了"。"留声机的针头"是变元，但不是致元。

---

24 本文只论及朱德熙（1982）所说的黏合式述补结构，不涉及组合式述补结构。

1.3 马真、陆俭明（1997）提出的规律

马真、陆俭明（1997）认为，"结果补语如果在语义上指向述语动词所表示的行为动作的施事，由此形成的述补结构一般不能带宾语"。例如：

（1）*干累活儿了（引自马真、陆俭明，1997）

石毓智（2000）认为，马真、陆俭明（1997）事实上是总结了现代汉语的一条严格的语法规律（下文简称"马陆规律"），并补充了下列例子：

（2）a.*她看病了书。

b.*他吃胖了肉。

c.*他写累了信。

d.*她干饿了活。（转引自石毓智，2000）

例（2）中结果补语"病""胖""累"和"饿"都是描写主语的性质，加上受事宾语就成为不合法的句子。

石毓智（2000）根据对一些语料的调查，发现了两个特例："吃饱饭"和"喝醉酒"。他认为，"吃饱"和"喝醉"中的动补两成分高频共现，然后再与受事宾语融合，这是一种"惯用语化"，但并非能产的句法结构，因此不构成对马陆规律的违反。王红旗（1995）持类似观点，认为"吃饱饭""喝醉酒"已变成了熟语。郭锐（1995）也认为，"吃饱了饭""喝醉了酒"是习语，理由是"它们是固定的"，"不具备能产性"。[25]

然而，据笔者观察，类似例子无论在汉语书面语还是在口语中都不在少数。例如：

（3）喝醉了酒，跳累了舞，什么都给忘记！
（人人网，2019-05-06，http://zhan.renren.com/19870614?page=0）

（4）唱惯了大型演唱会就会停不下来！（搜狐娱乐，2018-03-27，http://www.sohu.com/

---

25 感谢原文责任编辑从国家语委《现代汉语语料库》找到了例句"蚕吃饱了桑叶"和"他们已经吃饱了野果"。这说明"吃饱"后面的宾语已不限于"饭"。

a/226484935_100114187）

（5）吃腻了红烧鸡翅，快试试这种做法，色
泽金黄，外酥里嫩，十分诱人。（百度百
家号，2018-12-23，https://baijiahao.baidu.
com/s?id=1620636298850747674&wfr=spid
er&for=pc）

（6）商洛山中村民走怕了独木桥，需
建100多座桥仅批6座。（华商网，
2011-01-09，http://news.hsw.cn/
system/2011/01/09/050752420.shtml）

笔者发现，马真、陆俭明（1997）的例子"干累了活"其实也是可以说
的，例如"干累了活小腿就肿"（39问医生网，2012-08-06，http://ask.39.net/
question/22043196.html）。石毓智（2000）的例子"他写累了信"在一定条件
下也能接受。如"他写累了信，想歇一歇"。"写累了信"适用的情景包括他正
在写的信很长，需要花很多时间，或者他每天都要做"写信"这件事，日复一
日，两种情况都能使他"累"。笔者在网上找到了类似的例子：

（7）写累了字，就坐一会。看累了书，就睡
一会。（人人网，2019-06-10，http://3g.
renren.com/share.do?id=12931067339&su
id=282281134）

仔细观察，打破马陆规律的句子在汉语实际使用中不在少数，"特例""惯
用语""熟语"之说难以成立。

不难发现，这些句子的结语都指向大主语S，并且结果因大主语所指的动
作或行为所导致，大主语身兼变元和致元二职。这符合前述自致使动结式的定
义，只是在后面增加了一个"宾语"，呈S+VR+O格式。这个宾语不属于大结
构的宾语，而是V作为底层动词携带的宾语，因此加上了引号。

这类带"宾语"自致使句是汉语动结式的一个小类，具有一定的能产性。

2. 带"宾语"自致使动结式

2.1 构造和性质

（一）形式：S+VR+O。V在底层为及物动词，带有宾语，R为动词或形容词。在动结式表层结构中，S由动词V的主语提升而来，为大主语，VR为述结复合谓词。V及其宾语分跨VR两侧，其宾语占据O位，但并不具有表层结构的句法论元地位。

（二）语义：结语R表述S所指，也就是说，发生变化的主体是大主语。而且，大主语是因自己的行为或动作导致生理或心理上发生变化，因此变元同时也是致元。

例如：

（8）我现在听烦情歌了，有没有不是情歌的歌？（搜狗问问，2011-08-20，https://wenwen.sogou.com/z/q314453172.htm）

（9）秀宁骑累了马，坐在溪边的石头上洗着手帕。（新浪博客，Jessica熊熊的博客，2006-08-08，http://blog.sina.com.cn/s/blog_4a4c73bb010004xx.html）

（三）主要替代表达方式：重动句

带"宾语"自致使动结式是动宾和动补结构合二为一的结果，如两者分述则整个句子变换为重动句。选择使用哪一种方式，显然受到上下文的制约。重动句重复使用动词，用完整的动宾结构突出强调造成结果的起因，是带"宾语"自致使动结式最佳的替代表达方式。[26]但这种变换要求较短的宾语，如单音节或双音节。宾语长了会使句子失去韵律上的平衡，可接受程度降低。例如：

（10）他玩累了车。→他玩车玩累了。

---

26 重动句以外，有少量这类动结式还可表述为"宾语"置句首的形式，如"红薯，她吃腻了"。这种句式同样受到语篇因素的影响。

（11）她吃腻了红薯。→她吃红薯吃腻了。

（12）张重华大概是听烦了谢先生的老生常谈。

→? 张重华大概是听谢先生的老生常谈

听烦了。

因此，使用动结式还是重动句取决于语篇上下文和韵律的需要。

2.2 违反马陆规律的理据

文献中鲜见对马陆规律的解释。本文试探讨该规律成立的原因和违反的理据。先从论元配置说起。

论元配置是将语义角色指派给句法论元的操作。一般动结式作为句式至少有S一个、最多只有S和O两个供名词成分填补的句法空位，也就是至少须配置一个题元，最多只能配置两个题元。由于任何带VR结构的句子都含变元，首先需要配置的题元是变元，如果存在致元，则再配置致元。如前文所述，动结式可含或不含致元。

结语R陈述变元是动结式不变的性质。在致元/致因和变元同时存在的致因凸显动结式中，O是变元默认的（default）位置[27]，R陈述这一位置的变元，而致元或致因的一部分则配置到S位。在自致使动结式中，变元和致元同时被配置到S位，这一位置的论元身兼二职，同时，在O位上留下了变元移走后的空缺。这一空缺是变元留下的语迹，与大主语S同指。[28]因此，在一般情况下，O位将保持空缺。

然而，当使因事件必须完整交代，即动作对象必须在表层得到表述，否则意义不完整的情况下，表述这一对象的名词成分需要在动结句式中得到安置。如果置于动词之后，即保持V在底层的动宾结构，就会破坏动结式VR接续的

---

27 有关理据见严辰松、刘虹（2018）有关致因凸显动结式的论述。

28 语迹的概念20世纪70年代由生成语法引入。当句子成分从一个句法位置移位到另一个句法位置上时，会在原有位置上留下语迹，语迹本身不具物理形态，但却具有与移位成分相同的句法或语义特征（Radford，2002）。

要求。此外，在变元已占据S的情况下，它也不可能置于S位。剩下的只有两种可能，一是置于S之后，例如"她舞跳累了"；二是置于结语R之后，即"她跳累了舞"，也就是添加O。前一种对语篇的依赖性较大，并非笔者所定义的一般动结式[29]。后一种产生了形似一式，但不是致因凸显的动结式。当变元和致元同时配置到S位，动结式作为句型的论元配置业已完成时，位于O位的名词成分在动结式大结构中就没有名分，因为它不能，也无法提升为大结构的论元。

表述动作对象的名词成分占据O的位置，从而违反了马真和陆俭明提出的补语语义指向主语的动补结构不能带"受事宾语"的规律。事实上，出现在这个位置上的名词成分，如叫作"宾语"，应是动词V底层的宾语，并非动结式的大宾语。

然而，并非所有需要表述动作对象的自致使动结式都可以如法炮制，违反马陆规律是有条件的。下文我们将探讨违反马陆规律的带"宾语"自致使动结式的若干限制。

2.3 语法语义限制

带"宾语"自致使动结式不遵循马陆规律而自成一个小类，但这类动结式有语法语义方面的限制。

（一）仅表述具有感知的生命体自己的行为或动作导致的结果。

本类句子不用于非生命体。

（二）所发生的结果仅限于人或动物的某些生理或心理感觉。

从有限的语料可以看出，这些感觉限于"饱""醉""累""急""腻""烦""怕""惯"等，其中"饱""醉"因对动词有选择性限制，只用于特定的熟语。前文提及的"吃胖了肉"中的"胖"，"看病了书"中的"病"不属于主观感觉，而属于客观表象，因此不能用于这类句型。

---

29 见严辰松、刘虹（2018）对一般动结式的定义。

（三）表述生活中自然、直接、频发、原因单一的因果联系。

先说一下与本文主题有关的因果联系的性质。

首先，因和果之间的联系有直接和间接的区分，比如"李世民杀死了李建成"比"周瑜气死了诸葛亮"直接。最直接的因果联系的特点是：动作的出现蕴涵（entail）结果发生的潜能，而结果的出现则预设（presuppose）使因事件已然发生。例如："吃"→"饱"，"煮""炖""炒"→"熟"。"饱"预设"吃"，"吃"是唯一可能的原因，而且已经发生；"吃"蕴涵了"饱"，但"饱"只是一种潜在的可能，并不必然会发生。"熟"预设某种能够导致"熟"的使因事件，但原因不像"饱"那样只有一个，而是可能有多个。"煮""炖""炒"都蕴涵了结果"熟"。

其次，时间是因果联系的重要因素之一。

一是由因致果所用的时间有长有短。动作导致结果可以是瞬时发生的，例如"战斧劈开了装甲服，划破了皮肤和肌肉，击碎了他的左肩胛骨"。结果也可以是动作逐渐发力而产生效果或效应，力量或效应累积到某一关键点上发生作用。动作在时间上延续至关键点终止，结果事件是动作事件时间上的终结者，标志着动作的结束。例如"我揉烂了纸，扔到地上"，"揉"需要一定时间。

瞬时或延时发力的动作事件与结果事件之间具有时间上的共延性，即两者在进程上共同展开。这种共延性决定了动作事件在时间上依存于结果事件，即动作的时间进程取决于结果实现的过程。当结果实现时，动作也就终止了。

但是，并非所有动作和结果之间都具有时间上的共延性。结果可以在动作事件结束后再过一段时间发生，中间有一间隔。动作事件的影响没有即时显现，而是有一个滞后效应，但动作的力量蓄积最终导致结果发生。例如"李桂英哭肿了眼眶哭酸了双腮"，从"哭"到发生"眼眶肿""双腮酸"中间有时间的间隔。

二是世界上很多事情随着时间在变，时间促使大量因果联系发生，如食物（因细菌）随着时间延长而腐败，人和动物（因自然规律）随时间而衰老。这时的因果联系不是简单的一对一或直接的关系，而是一串因果形成的链条。例如"病倒了""老死了""饿晕了"，"病"不一定会立刻就"倒"，"老"也不一定会立刻就"死"，在起点与终点之间还有其他事件参与其中，起到中介的作用。

时间会使人的行为形成惯性。汉语中大量的动结式及其变体表达了因时间长而发生的变化。例如"他们也热习惯了，不开空调"，这里不是说他"因热而习惯"，而是说"热的时间久了，以致他养成了不怕热的习惯"。在这些句子里，前面的事件和后面的不是因果关系，而是时间参与其中所导致的结果。类似例子有"爷爷98岁那年老死了""季伯走怕了夜路，后来夜间不再出门"。

再次，造成果的原因有简单和复杂："吃（多）"了必"饱"，原因单一；但"吃肉"未必"胖"，"吃多"了也未必"胖"，"胖"可能还伴随其他原因。

最后，致效的可能性："吓哭"＞"唱哭"＞"喝哭"形成一个可能性序列，最左边的最有可能发生。例如"鞭炮声吓哭了小孩""苏三起解唱哭了观众""人头马喝哭志愿者"。第一个句子的致使关系即因和果的联系最可能发生，第二个句子苏三起解唱哭观众的可能性比第一个句子的可能性略低，毕竟有铁石心肠的观众未必会为苏三的悲惨经历落泪，第三个句子中的因果联系有点令人费解，可能性似乎最低。

这几个因素互相之间常有关联，比如直接的原因可能是用时最短、致效最快、原因单一、致效可能性最高的。

动结式所表达的因果联系，常见和不常见，反映了现实生活或称世界图景中因果联系的可能性和紧密性。生活中常见的、致因和结果共处于一个认知框架或事件框架内的因果联系符合常理，关系紧密，因此在语言表达中极为常见，述语和结语高频共现。

回到带"宾语"自致使动结式。笔者发现，这类动结式所表述的因和果关系有的直接、明显、致效性强，如"吃饱了饭""喝醉了酒""跳累了舞"；有的虽不那么直接，致效性也未必很强，但随着时间推移，因导致果的情况也属于自然发生且常见的现象，如"教书"如不顺心，确有令人"烦"的可能，"野菜""吃（多）"了，会导致"腻"的发生；其他如"走夜路"导致"怕"，"等车"导致"急"都符合常理，因果关系的发生在我们的常识之内。

再看，"看书"和"病"之间的因果联系有可能发生，但可能性较低，因和果的关系不那么直接，致效关系也不够明显，因此很少有人会提及这种因果关系。动结式"他看病了书"和重动句"他看书看病了"都不大会有人说。再如，虽然"吃肉"会导致"胖"，但"吃肉"和"胖"之间的联系绝不如"吃饭"和"饱"之间那么紧密。因此，"吃饱了饭"可以，"吃胖了肉"就不行。同理，"干活"导致"累"的联系要比"干活"导致"饿"的联系更为紧密。因此，"干累了活"可以，而"干饿了活"就不行。

（四）动V后名词的指称性质具有选择性限制。

下列"动＋名"结构都见于或可用于带"宾语"自致使动结式："吃饭""喝酒""唱歌""跳舞""睡觉""跑步""写字""说话"。这些名词是无指的光杆名词，与动词一起指涉一个动作或行为。有些名词复指前面动词的意义，如"唱歌"的"歌"，"睡觉"的"觉"，"写字"的"字"，"跑步"的"步"等。很多中外学者注意到了它们的特殊性质：张伯江（1997）、Tieu（2008）认为它们是无指的，Cheng和Sybesma（1998）认为是"假宾语"（dummy object），刘丹青（2002）认为具有类指性质。

笔者认同无指的说法。前面的动词意义已自足，后面的名词重述动词的意义，此外，这些结构对应于英语单个动词[30]，同时也是Li和Thompson（1981）所说的"组成成分黏着"的动宾复合词。由于汉语的分析性特征，即便是内部关系紧密的这类复合词也能拆分，允许结语插入其间（严辰松，2009）。

另有一些"动＋名"短语虽无英语对应词，但笔者认为，后面的名词同样具有无指性质，例如"教数学""骑自行车""当老师""洗衣服"。这些也可用于带"宾语"自致使动结式。

然而，这类句子中另一些动V后名词却是有指的。例如"唱惯了《牡丹亭》""吃腻了妈妈存放在冰箱里的冷馒头""走怕了这段山路"。"这段山路"甚至可以说是定指的。

由此得出的结论是，带"宾语"自致使动结式在O位的名词未必都是无指的。仔细观察，动V后名词的指称性质与动作事件导致结果的时效似乎有关联。

---

30 吃饭（eat）、喝酒（drink）、唱歌（sing）、跳舞（dance）、睡觉（sleep）、跑步（run）、写字（write）、说话（speak）。

笔者发现，致效相对快的"饱""醉""累""急"倾向于选择无指名词，而致效需要较长时间的"腻""怕""惯""烦"等倾向于选择有指名词。见表8。[31]

表8.两类结语对动V后名词的选择性限制

	饱、醉、累、急	腻、怕、烦、惯
无指	我吃饱了饭。	*我吃腻了饭。
有指	*我吃饱了八宝饭。	我吃腻了八宝饭。
无指	我喝醉了酒。	? 我喝腻了茶，改喝咖啡了。
有指	*我喝醉了口子窖。	我喝腻了口子窖。
无指	小张干累了活。	*小张干腻了活。
有指	*小张干累了瓦工活。	小张干腻了瓦工活。
无指	她等急了车。	? 她跳腻了舞，不想再跳了。
有指	*她等急了公交车。	她跳腻了华尔兹，想改跳探戈。
无指		*村民们走怕了路。
有指		村民们走怕了山路／夜路。
无指		*李老师教烦了书。
有指		李老师教烦了数学。／李老师教烦了他家孩子。
无指		*她唱惯了戏。
有指		她唱惯了《牡丹亭》，不大会唱《窦娥冤》。

3. 结语

现代汉语带"宾语"自致使动结式有悖于马真、陆俭明（1997）提出的规律，虽然使用范围有限，但却是真实的存在。这类句子融合动宾和动补两种结构，表达了原本需要用重动句表达的意义。因完整表达动作事件作为致因的需要，底层动词的宾语需要出现在表层句式，它只能占据由变元移至动词前面后留下的空位，但是这一名词成分在动结式大结构中没有句法论元的名分。需要强调的是，违反马陆规律的这类自致使动结式是有语法语义限制的。

---

31 匿名审稿人提及"张三追累了李四"句歧义的问题。当意义为"张三累"的时候，该句属于本文所说的句式，其中的"李四"无疑是有指的。因此"累"选择无指名词只能看作是一种倾向，而不是规律。有关学界关注的"张三追累了李四"以及"张三骑累了马"的歧义现象，笔者已另著文探讨。

参考文献

- 郭锐.述结式的配价结构和成分的整合[C]// 沈阳，郑定欧，编.现代汉语配价语法研究.北京：北京大学出版社，1995: 168-191.
- 刘丹青.汉语类指成分的语义属性和句法属性[J].中国语文，2002（5）：411-422.
- 马真，陆俭明.形容词作结果补语情况考察（三）[J].汉语学习，1997（6）：7-9.
- 石毓智.如何看待语法规则的"例外"——从"吃饱饭""喝醉酒"现象谈起[J].汉语学习，2000（6）：29-30.
- 王红旗.动结式述补结构配价研究[C]// 沈阳，郑定欧，编.现代汉语配价语法研究.北京：北京大学出版社，1995：144-167.
- 严辰松."字"的离散性剖析[J].外语研究，2009（2）：1-8.
- 严辰松，刘虹.汉语动结式研究新视角——以承载状态变化的主体为中心[J].解放军外国语学院学报，2018（2）：72-79.
- 严辰松.表达状态变化句子的共核：变化复合体[J].外语教学，2019（1）：12-16.
- 张伯江.汉语名词怎样表现无指成分[C]// 庆祝中国社会科学院语言研究所建所45周年学术论文集.北京：商务印书馆，1997：192-199.
- 朱德熙.语法讲义[M].北京：商务印书馆，1982.
- CHENG L, SYBESMA R. On dummy objects and the transitivity of *Run* [J]. Linguistics in the Netherlands, 1998: 81-93.
- LI C N, THOMPSON S A. Mandarin Chinese: a functional reference grammar [M]. Berkeley: University of California Press, 1981.
- RADFORD A. Syntactic theory and the structure of English: a minimalist approach [M]. Beijing: Peking University Press, 2002.
- TIEU L S. Non-referential verb use in Chinese: a unified verb copying analysis [C]// CHAN M K M, KANG H. Proceedings of the 20th North American Conference on Chinese Linguistics(NACCL-20) Vol. 2. Columbus: The Ohio State University, 2008 : 843-860.

第四部分

汉语的"字"

导　言

按类型学的定义，孤立语是单词平均包含语素（morpheme）数量很少的语言。在极端情况下，一个词只包含一个语素。与此相关的是分析语，这类语言很少或不使用屈折来表示语法关系。孤立语往往就是分析语。从这两个定义看，现代汉语是分析语，因为它极少使用"屈折"（如果"了""着""过"也算作屈折的话），但现代汉语已不再是孤立语，因为它的单词平均所含语素数量大多在两个以上，汉语已经双音节化。

尽管如此，由于古代汉语是孤立语，又由于汉语"音义关联"最小的单位是单音节的，并且书写成独立的汉字，因此汉语仍然具有独特的成分组合（constituency）特征。这一特征就是：汉语最小的意义单位和基本的结构单位是单音节的"字"，而不像英语那样是词。

已故徐通锵教授提出了汉语的字本位理论，但还未得到学界的认可。笔者只是部分赞同他的观点，不同意他提出的"字、辞、块、读、句"的层级结构及其他一些看法。笔者无意推翻"语素、词、词组、句子"这套具有普适性的层级分析体系，只是想较为具体地分析汉语最小意义单位和基本结构单位不同于印欧语的特点。

有关汉语成分组合独特性的研究，笔者推荐已故程雨民教授所著的《汉语字基语法》一书，复旦大学出版社2003年出版。该书力图从"字"的角度，建立一个相对完整的汉语语法体系。

本书这一部分包括关于"字"的4篇文章。这些文章的基础论点是：单音节的"字"是汉语最小的意义单位和基本的结构单位。用带引号的"字"是为了避免与文字的"字"相混淆。

《论"字"对汉语词汇和语法的影响》一文提出，分析汉语的语义和语法不能无视"字"这一基本单位的存在。"字"给汉语的词汇和语法分析带来不可忽视的影响。对词汇的影响包括：① 汉语语义编码的基本符号集小；②"字"的重组灵活，创制新词容易；③ 词汇透明，词汇系统具有很强的内部理据；④ 抽象词汇相对来说较少。对语法系统的影响是：① 词的界限难以划定，切分层次困难；② 词的内部有时可插入句法成分。从历时角度看，"字"的独立性和离散性与汉字传统有密不可分的联系。

根据中国知网显示，截至2019年10月5日，这篇文章共被引41次，被下载579次，其中被中国知网收录的博士和优秀硕士论文分别引用9次和12次。

《"字"的离散性剖析》一文指出，"字"的离散性体现为极高的独立性和自由度。"字"的音和形边界清楚，在具体使用中一般有独立的意义。通过换序、置换、拆分和插入，"字"可不断重组，形成新的结构，表达不同的意义。"字"的离散性使汉语的语义编码经济高效，词法和句法相通，临时词和缩略语众多。离散性与汉语可分析性特点密切相关，同时也使汉语的结构错综复杂，语法分析困难。

根据中国知网显示，截至2019年10月5日，这篇文章共被引16次，被下载412次，其中被中国知网收录的博士和优秀硕士论文分别引用1次和3次。

《"字"作为基本结构单位的语义和语法属性》一文详细阐释了"字"的"音、形、义、法"4个维度。"字"是独立编码、能够不断重组的常用汉语成分，具有"语素"和"词"的双重性。"字音"和"字形"边界清楚，容易界定；"字义"一般自足自立；"字法"，即组合法则，体现了自由和灵活的特点。

根据中国知网显示，截至2019年10月5日，这篇文章共被引8次，被下载365次，其中被中国知网收录的博士和优秀硕士论文分别引用1次和3次。

《"字"的即用和"字"义的衍生——汉语语义编码以少胜多的奥秘》一文认为，汉语语义编码以少胜多的奥秘之一是"字"在即用中获得临时的意义，之二是通过即用的简称和缩略、隐喻和转喻以及从方言和外语的引进，直接或间接增添新的"字"义。两者都提高了"字"的复用率和指称能力，增强了语义编码的潜能。社会、经济、文化的高速发展，对新词新义产生巨大需求，这是"字"

义衍生的动因，但"字"义的衍生还有赖于类比推理和心理固化等认知机制。

根据中国知网显示，截至2019年10月5日，这篇文章共被引3次，被下载357次，其中被中国知网收录的优秀硕士论文引用2次。

十　论"字"对汉语词汇和语法的影响[32]

1. 引言

"字"[33]在汉语中有两个意义：第一是方块字的意思，这里的"字"是文字学的单位；第二是指汉语中可从语音、语义、语法（至少是构词法）角度来分析的一个单位。在下面的讨论中，如无特殊的说明，"字"都取第二个意义。当然，这一意义上的"字"与汉字是密切相关的。下文我们将谈到，汉字对汉语语素单音节特点的形成和存续有着深刻的影响。

在现今为学术界普遍接受的、以西方语言为基础而形成的语言学理论体系中，没有"字"这一级单位，也没有"字"的概念。然而对于汉语来说，"字"却是确确实实存在，是绕不过、躲不开的事实。"字"在汉语中，已超出了文字学的概念。在分析汉语的语义和语法时，以及在做中文的信息处理时，都不能无视"字"这一单位的存在（赵元任，1979；吕叔湘，1980；孔宪中，1992；徐通锵，1998）。但是需要说明的是，本文所说的"字"是单音节的。

---

32 原载《现代外语》2002年第3期，231—240页，现有修改。

33 用加引号的"字"是为了与方块汉字相区别。"字"是汉语中"音节+汉字+意义"的最小结构单位和基本单位。

2. 音节、语素、"字"

语言底层最小的单位是单个的音素，即元音或辅音，然后音素构成音节，音节构成语素，语素构成词，词构成短语，短语构成句子……如此层层组合，直到最高层次的单位——语篇（见图10）。在从下到上的层次结构中，意义最初从音节这个层次切入，也就是说，音节以下的语言单位不具备语义，开始附着语义的最小单位一般是音节，当人们约定俗成把音节用于指称某个事物时，音节就有了意义。具有意义的音节或音节组合叫作语素。语素是语言中承载意义的最小单位。语素是构词的单位，也称为词素（Bolinger et al，1981）。

音素→音节→语素→词→短语→句子→语篇

图10.语义从音节开始切入

现代汉语的语素绝大部分是单音节的，双音节以上的语素数量不多，可列举无遗。汉语具有语素单音节的特点，绝大多数汉语研究者对此都不持异议（赵元任，1979；朱德熙，1985；张永言，2015；杜永道，1992；吕叔湘，1996）。

汉语具有意义的音节是带声调的音节。脱离语境和没有上下文的单音节有时具有不止一个备选义，即有可能等同于多个语素，但在具体的使用中，一个音节通常等同于一个语素。

汉语音节的书写形式是汉字，一个汉字代表一个音节，代表一个或几个语素。汉字有解歧的功能，汉字的备选义要少于上述单音节的语音单位。[34]

音节、语素和汉字三位一体，集音、义、形于一身，构成了汉语独有的一种现象。

"字"可以充任语素，而且用现行的、以西方语言为基础的语言学理论来分析汉语，我们只能把它看作是语素。但是"字"具有语素所没有的特点。语素中的"素"是指"成素"（formative），含有是更大的单位的组成部分的意

---

34 双音节以上的语素，其书写形式包括所谓"联绵字"，如"婆娑""彷徨"。这里汉字、语素和音节那种一对一的关系就不存在了，但在汉语中这毕竟是少数现象。

思，意味着其本身不具有独立性。在多数情况下，语素融化、隐身于词之中。然而汉语中的许多"字"却不仅可以成为高一级单位的组成分子，而且可以独立使用。即便是置身词中，"字"的存在也昭然显豁。

3. 语言的基本单位，在英语是词，在汉语是"字"

美国语言学家鲍林杰认为，英语的词"是语言中不断重新组合、传达信息的常用片段"，是"独立编码的最小成分"（下划线为引者所加，下同）（Bolinger et al，1981）。

鲍林杰的这两句话言简意赅地描述了词这个英语基本单位的性质。"独立编码的最小成分"道出了词作为基本单位的语义属性，这就是说，虽然语素是承载语义的最小单位，但是词是语义依附的主要单位，是英语中记识语义的基本单位。"不断重新组合"说的是词的语法属性，即它组合成更大语段的自由程度。"常用"应是基本单位的本质属性。

词在英语中的这一地位是无可争议的，其佐证是：① 词是英语口语和书面语最小的使用单位，说和写一般都不能从中间断开；② 儿童首先通过语义与词的联系学会使用语言并接受教育；③ 各类词典以词为基本条目安排内容。

如果说英语中"独立编码的最小成分"是词的话，汉语中则是比词低一级的"字"。"字"是汉语中"不断重新组合"的"常用片段"，它是"独立编码的最小成分"。鲍林杰用于描述英语词的这两句话，完全适用于描述汉语的"字"。我们说，"字"是讲汉语的人记识语义的基本单位，是汉语中可以不断重新组合的最小单位。[35]"字"与"词"的组合性质虽然不尽相同，但两者作为基本单位的独立性和离散性是一样的，都具有很高的自由度。

---

35 汉语界一向有"字本位"的说法，详见徐通锵（1998）。"本位"用于"金本位"时，指的是以黄金为单一的价值尺度去衡量其他商品的价值，或是货币价值以金子为基础进行核算。因此"本位"的意义可推演为"基础"，"……本位"即"以……为基础"。这个意义本来很符合笔者要表达的意思，但由于此前有关"字本位"的讨论与笔者的意见不一，本文避免使用这个术语。

上述有关英语词的3个佐证也同样适用于汉语的"字"。① 汉语的"字"是口语和书面语的最小单位，中间不能断开，也不能插入任何内容。② 以汉语为母语的人非常熟悉意义同"字"的联系，因为这些"字"大多数都有独立的意义。讲汉语的儿童上学从识"字"开始，汉字是作为最基本的单位同意义一块儿教给学生的。"字"的概念在汉语社会中已不仅仅指文字，而且也是口语中的一个单位。[36]③ 如同英语的词可以列举，汉语的"字"也可以列举。大多数汉语词典以"字"为基本条目安排内容，因此它们是"字"的集书。汉语有列举"字"的集书，却没有列举词的集书，而英语有列举词的集书，却没有列举语素的集书。

汉语的"字"和英语的词在各自的语言中都具有自足的意义，同时具有很高的独立性和自由度，既可独立使用，也可与别的成分结合使用。它们是语义记识的基本单位[37]，然而按照现行的语法理论，它们毕竟属于不同的语法层面。英语的词可独立填充句子中的语法功能槽，而汉语的"字"从整体而言却不能（尽管有些"字"就是词），必须与其他"字"组合成词后才能完成这一功能。因而，从整体而言，"字"还应归于语素这个层次。[38]

---

36 讲汉语者即便不识汉字也会不自觉地把单音节的"字"用作一个单位，如会说"他昨天相了亲"。"相亲"本应作为整体使用的动词，中间加"了"后被切分了，可见"字"的影响。

37 除语义记识的基本单位以外，人们大脑中还存储着千千万万个其他的语言片段。这些是语言中的"水泥预制件"，人们在使用中不假思索，从记忆中整个儿掏出。比如，讲英语的人同时也记识比词小的语素或比词更大的语言片段。词以下的单位如词缀bi-、un-、non-、de-、anti-、micro-，这些词缀是黏着形式，但人们在记忆中是作为意义单位存储的，表现在人们能把它们从词的形式中分辨出来。比词大的单位如词串（lexical bundles）、习语甚至是句子，如in case、a lot of、let alone、How are you doing等。同讲英语的人一样，讲汉语的人大脑中也存储着无数个词以上的语言片段，如经常出现的词串、成语甚至句子，然而汉语语义依附的最基本单位是"字"。"字"是记识语义的基本单位，这是汉语和英语最大的差异之一。

38 有关"字"与语素的关系，见吕叔湘（1979）第16至19页的论述。

第四部分 汉语的"字"

156

4. "字"对汉语词汇系统的影响

4.1 汉语语义编码的基本符号集小，常用"字"有极高的能产性

简单地说，编码是一种映射行为，即把符号赋予需要编码的事物。任何编码行为都需要一套基本的符号集。如自然数的符号集包括0、1、2、3、4、5、6、7、8、9这10个阿拉伯数字符号。基本符号是符号系统使用者最初记识、最常使用的单位，也是有关符号系统的手册、教材、词典等必须首先收录和描写的基本单位。

语言的编码可分为语音编码和语义编码两大类。语音编码即用符号代表语音，而语义编码则是用符号代表语义。

拼音文字用于语音编码的基本符号是数十个字母，它们的语音编码经济便捷，用基本的音码——字母（或字母组合）——代表一个个的音，字母及组合发什么样的音需经过学习，但向上的组合（词）可按照拼音规则读出。由于基本的音码数量不多，拼音文字的发音较容易掌握。就英语而言，尽管其正字法和正音法都不规则，不能全部做到按照字母拼合读音，但总的来说，掌握其发音比较容易。

英语的语义编码，如前文所述，其基本符号是词，即语义主要是附着在词这个单位上，而汉语语义编码的基本符号是"字"，语义主要附着在"字"上。基本单位的特点是可以穷尽性地列举。汉语的"字"可以列举，但词不能。形成鲜明对照的是，英语的词可以列举，但比词低一级的语素则不能。汉语的词典（有的称作"字典"）一般以汉字为基本条目（汉字是表征"字"的符号），先注释单音节的汉字，也就是语素，然后在单字的条目下列出词汇，包括词和词组。汉语词典因此可称为语素词典。同印欧语相比，这是一大特点。印欧语词典的条目都是以词为单位的。

用于汉语编码的基本符号集（由"字"组成）小，而英语的大（由词组成）。比较汉语词典收集的字数和同规模的英语词典收集的词数，后者的数字远远大于前者，如《康熙字典》收字四万多个，著名的《牛津大词典》收词41万多个（马新军，2000）。这样的比较也许意义不大，因为大型辞书一般都收

录许许多多早已退出流通的旧的字和词。但我们可举一例比较英汉基本符号集的多寡。1969年版《毛泽东选集》一至四卷总字次为660 273，但只用了3 002个不同的汉字（马新军，2000）。而根据笔者用语料库索引软件WORDSMITH所做的统计，仅《毛泽东选集》第四卷的英译本就用了7 859个不同的词（动、名词、形容词各种变化形式只算一词）。这个数字是汉字的两倍还多。相同的信息，仅就分立、需要分别记忆的符号的数量而言，英文远远超出了中文。

仔细比较还可以发现：表达同样的意思，英语采用的音节数通常大于汉语所用的音节数，统计上大约是1∶0.6的比值。也就是说，表达同样内容，汉语更为简练。

值得注意的是，汉语词典的规模远远低于同类型的英语词典。这是"字"的性质使然。

词典列出一种语言中的词语总汇，一般应该或必须反映词汇不可预见的性质（unpredictable properties）或者特殊性（idiosyncrasies），凡属于普遍性的问题没有必要在词典中列出。如德语单词发音是有规则的，因此德语词典一般只标出重音而不必注音，偶有特殊的发音才会标注。再如英语，名词复数加"s"，这是一条普遍适用的语法规则，词条中没必要每个名词都列出加"s"的形式，但是那些不规则的名词（men、children、sheep、criteria）就必须列出，它们属于特殊情况。具有普遍性的语法规则应在语法书中阐释。

汉语词的组成和属于句法范畴的短语组成有共同的地方，即按照规则把下层的分子链接起来（concatenation）。就造词法而言，这叫作合成，就造句法而言，这叫作组合，两者的性质其实是大致相同的（其佐证是：对汉语复合词的分析，用的是与分析句法一样的术语）。链接后的语言片段的整体意义要么是其组成分子意义的复合（这种情况英语称为compositional），要么另获得一个与其组成分子意义无关的整体意义。后者具有特殊性，链接后的结果不管是词或短语都应在词典中列出。复合形成整体意义具有普遍性，词典不可能也没必要列出语言中所有可能出现的这类语段。

在汉语的词典所列出的词中，有一部分是不能从组成分子直接推得语义的，如"木耳""哑铃""打手"等，但也有一部分是透明的，即基本上可从组成分子推得总体意义，如"打倒""地震""智慧"。此外，实际使用的汉语中有很多赵元任称为"临时词"、冯志伟称为"未登录词"、程雨民称为"话语字组"的词汇（赵元任，1979：90；冯志伟，2001；程雨民，2003）。这些词汇不在词典中列出，因此汉语词典从整体而言规模较小。大型辞书（如《辞海》）收录了与语言本不相干的典故、人物、著作、历史事件、团体组织、学科术语等百科知识。

汉语词典之所以列出许多意义透明的词汇，如"述职""刷洗""评比""军旗""推翻""打倒"等，是因为它们使用频率极高，或已获得了与本意不同的比喻意义。

汉语的基本符号集小于英语，还有其他间接的佐证。尤金·奈达（Nida，1993）曾说过："一篇汉语文本译成英语后往往要长得多。这倒不一定是由于文化差异的结果，而是由于汉语词的文字符号所占的篇幅相对要少一些。"据说，联合国5种正式文本（中文、英文、俄文、法文、西班牙文），以中文的页数最少，文件最薄。

汉语常用"字"的使用频率和能产性极高。许多"字"可身兼数任，既可单独成词，又可与别的语素不断重新组合，构成词或词组。如"成"字。可用于应答："成！"（方言），意思是"行！"，又可组成"促成""达成""玉成""坐享其成""一事无成"[《现代汉语词典》（第7版）中有]，"化成""炼成""学成""长成""写成""成素"[《现代汉语词典》（第7版）中无]等。类似的例子不胜枚举。所谓"临时词"或"未登录词"，也大都是由常用"字"组成。

1989年6月国家语言文字工作委员会公布的《现代汉语常用字频度统计》一书表明，在研究者用计算机抽样选取的200万字的语料里，使用频度最高的前2 500个汉字覆盖了97.97%。该书对1928年以来6种有关汉字频度的统计分析表明，按照词频降序排列，至第1 000字时，其累计频度已达87.39%。另据原北京语言学院语言教学研究所1985年的研究，"中小学语文课本用作统计材料的全部篇幅，有近五分之四是用1 000个高频汉字写成的。"这些都说明了汉语常用"字"有极高的能产性。

4.2 "字"的重组灵活，创制新词容易

"字"可不断重新组合的特点使汉语词汇的内部结构松散，词汇的组成成分容易重组，形成新词。

汉语中大量实际使用的词汇是临时词，包括专用于某个特定的情景或事件的特设（*ad hoc*）词。在鲁迅的著作中，临时词就很多，如"揭出<u>病苦</u>，以引起<u>疗救</u>的注意"。至于当今媒体中出现的临时词就更是不胜枚举，如"调控""界（接）面""解构""解读""欢娱""扫黄""下海""传销""内存""主频""海选""瓶颈""资质""斩获""动因""理据""坐台（小姐）""（再创）新高""（婚姻）存续（期间）""舔吸（后现代主义的）余唾"。大量的"述说"（张寿康的说法，有人称"主谓"）、"支配"（"动宾"）、"使成""动补"等结构的临时词词典里未曾收入。这些临时词有的是过眼云烟，有的将积淀下来，成为较为固定的词汇（张寿康，1981；北京语言学院语言教学研究所，1985）。

缩略语也属于临时词。在实际使用的语言中，不仅有大量虽还未进入词典但人们已耳熟能详的缩略语，还有各种各样特设的缩略语，见于各种场合。如"彩显""技改""减负""人防""央行""高知""影后""交警""村委会""足协""残奥会""三陪""待产""空姐""空哥"。在专业领域使用缩略语，更是常见。如在医院里，"根治"是牙科"根管治疗"的意思，"化腮"是"化脓性腮腺炎"的意思。这些缩略语由有意义的语素组成，与印欧语中由首字母组成的缩略语相比，信息含量大，容易理解和记忆。

汉语的"字"重组灵活，还带来另一个现象。大陆和港澳台乃至新加坡等汉字文化圈，由于政治体制不同，在使用的语言上也造成隔阂，其佐证是媒体使用的汉语在词汇和句法上都有一定差异。就词汇而言，其差异不在于构词的基本成分（各种汉语都使用由汉字代表的相同的语素），而在于创制的新词。相同的事物，在各地有不同的名称。如："民乐"（中国）——"华乐"（新加坡）（孔宪中，1992）。其他不同的词汇包括："见面"——"碰面"（新加坡），"招生"——"收生"（新加坡）。名称虽然各异，其组合规则却是一致的，都用复合的方法。

"字"的离散性和独立性还表现在有些词汇的组成分子可以前后颠倒而意义大致不变（且不说在戏剧的唱词或诗歌中，有许多为了韵律的缘故所形成的倒装），如"演讲"——"讲演"，"合适"——"适合"，"兵士"——"士兵"，"相互"——"互相"。

4.3 词汇透明，词汇系统具有很强的内部理据

汉语双音节以上的词汇，词汇组成分子即语素的意义仍然清晰可辨，也就是说，汉语的词汇是透明的，如"大小""尺寸""解脱""放纵""沿袭"等。换句话说，这些词汇的词汇化过程不彻底。按照西方语言学理论，词汇化的特点是，词语的整体意义不等同于其组成成分意义的简单相加，它自有独立的意义。汉语中语义不透明，即整体意义不是其组成成分意义相加的词汇，如"木鱼""哑铃""克隆""王八"，只占词汇总量很小的比例。从整体看，汉语词汇以透明者居多。大部分词汇的意义可从组成分子的意义推得。

现代社会的发展日新月异，新的概念、新的事物层出不穷，为了接纳这些新的概念，词汇不断衍生发展。对新概念的编码，可有多种方式。如概念来自外域文化，最简单的莫过于将外来语整体借入，用本语的发音体系即音译的方法加以同化。在日语、朝鲜语中，这类外来语比比皆是，汉语中则相对要少。汉语创制新词，不管是本文化中出现的新事物，还是引入外来的新概念，一般都习惯用已有的语素进行组合编码，合成（compounding）几乎是创制新词唯一的方式。这样一种编码方式，以少胜多，以简驭繁，既便捷又经济。

对于外来语，汉语尽可能地用理据性强的词汇来翻译。音译法往往站不住脚。历史上，"民主""科学""电话"原先都有音译译名，现在都废弃不用了。近年来，"大哥大""BP机"也已逐步被意译的"手机""传呼机"所替代。此外，有些外来语，如mini-和Coco Cola，用上"迷你""可口可乐"的字样，既谐音，又符合汉民族喜欢意译的习惯，属于音译和意译的结合（详见严辰松，1990；李树新，1998）。

词汇的高透明度给汉语词汇带来很强的内部理据。理据给人们解读词汇的意义带来很大的方便。当人们知道一个词语组成分子的意义时，一般不难推断

出这个词的整体意义。这就如同人们了解了一位自然数的意义以及多位自然数的组合规则以后，就不难理解任何从未见过的数字。

汉语词汇的内部理据还表现在对事物的命名上。同一类动物或植物的名称，在后面都加上表示类属名称的语素，如"杨树""桃树""橡树""槐树"；"鲢鱼""鲫鱼""草鱼""鲤鱼"。有一些外来事物的译名也是在音译的基础上加上一个汉语固有的属名，如"拖拉机""啤酒"。再如医学上的各种炎症都有"炎"字一以贯之："胃炎""肝炎""角膜炎"；医院的部门都以"科"字命名。英语中相应的这类术语，相互间的逻辑联系较少，不如汉语的术语好懂好记，这是汉语的一大优势。当然，汉语这样的分类不一定符合科学的标准（如"鲸鱼"不是鱼），是一种"俗分类"，然而它毕竟给讲汉语的人带来了解读和记忆的方便。

4.4 抽象词汇少

词汇的组成分子意义显豁、词汇组成松散的特点也给汉语带来了负面的影响：汉语中的抽象词汇要少于英语这样的语言。英语中 size、credit、identify、justify、vindicate、privacy、community、shelter、hysterical、reciprocate 等抽象程度很高的词汇，汉语中缺乏对等词，需依靠具体的语境和解释的方法转述对应的意思。而在英语中，这些都是很普通的词汇。

新西兰 Waikato 大学哲学系的孔宪中教授，在中国香港的刊物《语文建设通讯》上一共发表过7篇文章，批评汉语词汇的贫乏和不稳定（见《语文建设通讯》2000年4月第63期至2002年2月第69期）。内地已经组织过对孔宪中有关文章的批判（见《中外语言文化比较研究》第275至284页），但笔者认为，他的观点仍不无可取之处。比如用上述种属字（"树""花""羊""马"等）命名动植物，是优点，但也是缺点（孔宪中的观点）。例如"河马"其实不是马，"袋鼠"和老鼠风马牛不相及。勉强借用"马"和"鼠"，有不够精确之弊端。

5. "字"对汉语句法分析的影响

5.1 词的界限难以划定，切分层次困难

汉语词的界限难以划定，词作为一个单位不明晰，这是许多研究汉语的学者的共识（吕叔湘，1979；徐通锵，1998；胡明扬，1999；冯志伟，2001）。

印欧语法认为，词是句法的基本单位，即词具有句法功能，在句子中充当主语、谓语、定语等成分。汉语的语素（即"字"）和词的关系复杂。"字"与"字"的语法功能迥异。按照能否承担句法功能的标准，笔者认为汉语的"字"可分为四类。第一类是能够独立成词，并能和其他语素结合成词的语素。这些语素自由程度最高，如"我""人""走""山"。第二类是完全不自由的语素，这些语素只能与其他语素结合成词，如"啬""沐""牲"。第三类一般不能独立成词，属于黏着语素，其中一部分是词根，如"桌""昨""辱""奋"，可与别的词根或词缀合成词，另一部分是构词能力极强的前、后缀，如"第""老""度""性""化""子"。第四类语素传统汉语语法称之为助词，但这些语素不能独立成词，如"的""了""着""过"，其功能相当于印欧语中的屈折，只是在句法层面上才发挥作用。

不难看出，同是单音节的"字"，由于分属不同的层次，它们的语法性质迥异。前、后缀和其他黏着语素属于词的构造成分层次，独用语素处于词的层面，而"了""着""过"等语素则属于句法层次。

汉语语素单音节的特点和方块字结合产生了一个很有意思的现象，即语言的透明度虽然提高了，但词缀与词的区分、词与词的界限、单纯词与合成词的区分、合成词和句法结构的区分却产生了模糊性。在一个个独立的"字"的排列的格局中，词缀与词、实词与虚词、语素与词是平等的。胡明扬（1999）先生曾经指出："就现代汉语而言，什么是'词'一直是一个没有解决的问题。'词'和小于'词'的'语素'的界限，'词'和大于'词'的'短语'的界限，在很多场合是谁也说不清楚的。"

对语言做语法分析，少不了切分层次，汉语的结构对切分造成了很大的困难。比如用计算机处理语言的先决条件是对词做出正确的切分，因为凡是涉及

句法、语义的研究，都要以词为基本单位来进行。由于汉语的书面语是由一个一个汉字连续构成的字符流，词与词之间没有空白，要把汉语句子切分成词，计算机必须逐字进行访问，判定哪个归哪个（togetherness），然后与词库中的词进行查对并试图解释。例如计算机必须能区分下面的情况："这个门的把手坏了好几天了"和"你把手抬高一点儿"中的"把手"，"这条马路可以并排行驶四辆大卡车"和"教务科指定了专任讲师并排好了课程时间表"中的"并排"，"这种病的病因到目前为止医学界都不清楚"和"她的病因我而起，就由我来解决吧"中的"病因"（例子摘自北京大学詹卫东个人网页）。由于"字"语法功能的多样性，这种分析十分困难。此外，由于前文所说的临时词的存在，词库不可能囊括所有可能出现的词项。词汇切分和匹配是汉语自然语言理解的拦路虎，是久拖未决的技术难题（冯志伟，1992；孙斌，1999）。

同时，层次不易切分也给加注汉语拼音带来很大的困难。对任意一段文字进行注音，我们会发现很多棘手的问题，如对黏着语素、文言词、复合词、成语、上述离合词中间的插入成分等的处理。像"举足轻重""与时俱进""以其昏昏，使人昭昭"该拼在一块呢还是分开？怎样分开？"克服许多困难而最终成功者"中的"者"怎样处理？更多例子见孙斌（1999）。《现代汉语词典》历来的版本在注音方面可以说是树立了榜样，但它标注的是静态的词汇。这些词汇在实际使用中未必能照搬词典中的注音。"鞠躬"在《现代汉语词典》（第7版）中标注为jū//gōng（703页），表示中间可以插入一些成分，但具体到行文中的"鞠了一躬"又该怎样处理呢？

即便是在标注静态词汇的《现代汉语词典》（第7版）中也不难发现两难的例子，如"无风"被标注为wúfēng，但"无风不起浪"中的"无风"却被分开标注为wú fēng，而且这一短语的每个音节都是单独标注的：wú fēng bù qǐ làng（1382页）。再如"无可厚非"被标注为wúkěhòufēi（1383页），但"未可厚非"却被标注为中间加短横的wèikě-hòufēi（1367页）。

5.2 词汇内部有时可插入句法成分

属于句法层次上的助词、连接词等可直接进入词的内部，形成了汉语独特的一景。在《现代汉语词典》（第7版）列举的词条中，许多词条的拼音中间标有"//"符号，表明它们中间可以插入"了""着""过"等成分，如"落脚""赖账""留学"等。这些被称为离合词。2000年10月29日的《参考消息》第6版就有这样的句子："而看不惯法国人傲慢的，就转捧意大利语的场。"即便是在形式非常固定的词中，偶尔也可插入其他成分，在口语中尤其多见。如"卫生"——"猪还能卫了生？"，"惊险"——"有惊无险"，"打倒"——"打而不倒"，"淋浴"——"淋半身浴"，"旅游"——"旅什么游"，"努力"——"努一把力"，"造孽"——"造什么孽"，"使招"——"什么招不使"，"揩油"——"揩病的油"，"幽默"——"幽了他一默"，"大便"——"大了半天的便"等（部分转引自Packard，2000）。其中"卫了生""淋半身浴""旅什么游"等，语言学者们认为是"任意拆词"，属于错误（张寿康，1981）。

上述汉语词汇的离合特征给汉语语法分析造成了困难。分析英语那样的语言，可讨论"句法成分"移位、省略等的动因和制约条件，而分析汉语，则还须兼顾词汇内部的离合行为，如有必要讨论：哪些词汇可以离合？离或合的动因和制约条件又是什么？此外，对这部分的语法分析，该归入哪个层次？句法还是词法？

6. 汉字支持和巩固了汉语词汇的离散性特点

音节、语素、汉字在汉语中的密切联系绝不是偶然的。汉语语素的形成和发展，离不开汉字。汉语的音节有自己整体的发音，并带有汉语特有的声调。但仅凭音节音和声调这两条还不足以给汉语所有的基本意义进行编码。因此汉语借助于书写符号汉字来区分同音符号，以便表达所有的基本意义。是汉字解决了同音现象（homonymy），并固化了这些音节与意义的联系。

汉语单音节语素的特点有历史的渊源，"采用汉字则更加深了'字为单位'的基础"（孔宪中，1992：15）。表意的汉字使汉语长期保持了单音节的特点。汉字是一个个相互独立的形体（古代的合体字现已取消）。汉字有一定的表音功能，如形声字中的声旁，但这与印欧语言的表音功能不同。印欧语是无意义的字母表音，数十个字母或字母组合对应于有限数量的音素，拼合成大量的音节，拼音是字母的主要功能。而汉字代表的是一个个音节，本身不具备拼音的功能，汉字的主要功能是表意。这种文字体系延续至今，虽然语言已发生了变化，不再是单音节语，但意义与单个音节的联系仍然通过文字形式沿袭下来。今天的汉语仍然保留了古代单音节语留下的痕迹，比如"与时俱进"是出炉不久的新词，却有文言的味道，每个音节都有意义。

汉字使汉语的语素保持了离散性。从古代开始，用汉字书写的每个音节几乎都有独立的意义。作为书写形式的汉字不仅是文字单位，而且是附有语义的语素。汉字代表的语素是语义记识的基本单位。讲汉语的儿童在学习汉字的同时也掌握了汉语的语素，这是汉语特有的现象。儿童先学会口语，然后再学习书面语。在此过程中，他知道了原先会说的口语用汉字是如何表达的，同时，用汉字表达的、更丰富的书面语进一步促进了他口语的发展。当然，在古代和近代，不懂书面语的文盲大有人在，但是，主宰语言发展的仍然是那些有高度语言修养的人，汉字对口语的影响不可低估。

诚然，从现代语言学的角度来说，口语是第一性的，口语先于书面语而存在，换句话说口语是独立的。但是我们不能否认书面语对口语的反馈作用。书面语毕竟是口语的记录，它和口语在很多方面是一致的。从有文字记录的历史开始，书面语就成了语言的一个重要组成部分。

书面语的重要性体现在：第一，口语表达的范围和内容有限，没有书面语的语言是跟不上时代的语言。现代高度发展的语言无不具有完美的书面语。不涉及书面语言、只是用口语表达的内容和范围是极其有限的。书面语表述的大量的抽象事物进入了口语，丰富了口语的内容，这时口语和书面语已经密不可分。第二，书面语对口语有反馈作用，书面语影响和制约着口语的发展。中国有若干方言区，全国不能互相交流的方言不可计数，汉字有统辖所有方言的功能。汉字用来转写这些方言，与此同时用汉字记录的标准语语汇也进入了这些方言，丰富了它们的内容，促进了它们的发展。

汉字对区分语义起了至关重要的作用。现代汉语使用了固定数量的音节，词汇的扩充和发展只是利用已有的音节，并不依靠创造新的音节来满足需要。

普通话的音节约有400多个，加上声调（四声加轻声）的区别和儿化韵变，用于互相区别的音节单位共有1 300多个［见《现代汉语词典》（第7版）音节表］。这一数量的区别单位不足以给现代社会和生活的方方面面进行编码。汉语中实际使用的不同语素数以万计，辨析相同音节的不同意义的工作就由汉字来完成，这些同音节的不同语素通过汉字这个媒介为讲汉语的人所掌握。

在汉语的发展过程中，在原先以单音节词汇为主的基础上逐渐增加双音节和多音节词汇，使语言的编码能力逐步增强。尽管如此，同音现象仍然大量存在，如"机智"——"机制"，"继续"——"记叙"，"记事"——"继室"——"技士"，"及时"——"即时"，"记忆"——"技艺"——"计议"，"客观"——"客官"，"韭菜"——"酒菜"。因此，区分语义的重任就落在了汉字的身上。尽管在具体的交际场合，上下文引导着理解，但误解仍不时发生。如"明天有集市／急事""我没看轻／看清他"。许多语言游戏（如"酒精／久经考验"）就利用了汉语的同音现象。

7．结语

本文的主要观点是：① 单音节的"字"是汉语最小的意义单位和基本的结构单位；②"字"具有极高的独立性和离散性，给汉语的词汇和语法系统带来了深刻的、不可忽视的影响；③"字"的特点有历史渊源，与汉字有密不可分的联系。

笔者不揣浅陋，以此文求教于方家，以期引起讨论。

参考文献

- 北京语言学院语言教学研究所. 汉语词汇的统计与分析 [M]. 北京: 外语教学与研究出版社, 1985.

- 程雨民. 汉语字基语法——语素层造句的理论和实践 [M]. 上海: 复旦大学出版社, 2003.

- 杜永道. 语素单音化是汉语的根本特点 [J]. 语文建设通讯, 1992 (37): 40-41.

- 冯志伟. 中文信息处理与汉语研究 [M]. 北京: 商务印书馆, 1992.

- 冯志伟. 从汉英机器翻译看汉语自动句法语义分析的特点和难点（浙江大学讲座提纲）[Z/OL]. http://www.cfl.zju.edu.cn, 2001-08-05.

- 国家语言文字工作委员会. 现代汉语常用字频度统计 [M]. 北京: 语文出版社, 1989.

- 胡明扬. 说"词语" [J]. 语言文字应用, 1999 (3): 3-9.

- 孔宪中. 汉语词汇的贫乏和不稳定 [J]. 语文建设通讯, 1992 (37): 1-18.

- 孔宪中. "骂祖宗"杂谈（连载）[J]. 语文建设通讯, 2000 (63)—2002 (69).

- 李树新. 因声循义——汉语外来词的文化倾向 [J]. 汉字文化, 1998 (4): 15-17.

- 吕叔湘. 汉语语法分析问题 [M]. 北京: 商务印书馆, 1979.

- 吕叔湘. 语文常谈 [M]. 北京: 生活·读书·新知三联书店, 1980.

- 吕叔湘. 现代汉语八百词 [M]. 北京: 商务印书馆, 1996.

- 马新军. 如何客观地看待汉字 [J]. 汉字文化, 2000 (2): 10-15.

- 孙斌. 切分歧义字段的综合性分级处理方法 [Z/OL]. http://icl.pku.edu.cn/doubtfire/, 1999-10-11.

- 徐通锵. 语言论 [M]. 长春: 东北师范大学出版社, 1998.

- 严辰松. 汉英词汇透明度比较 [J]. 解放军外语学院学报, 1990 (1): 2-8.

- 詹卫东. 汉语分词中的组合歧义实例 [Z/OL]. http://icl.pku.edu.cn/doubtfire/, 2001-08-02.

- 张寿康. 构词法与构形法 [M]. 武汉: 湖北人民出版社, 1981.

- 张永言. 汉语词汇 [C]// 张永言. 语文学论集（增补本）. 上海: 复旦大学出版社, 2015: 418-432

- 赵元任. 汉语口语语法 [M]. 吕叔湘, 译. 北京: 商务印书馆, 1979.

- 中国社会科学院语言研究所词典编辑室. 现代汉语词典（第7版）[M]. 北京: 商务印书馆, 2018.

- 中外语言文化比较学会. 中外语言文化比较研究·第一集[M]. 延吉：延边大学出版社，1994.

- 朱德熙. 语法答问[M]. 北京：商务印书馆，1985.

- BOLINGER D, et al. Aspects of language [M]. New York: Harcourt Brace Jovanovich, 1981.

- NIDA E. Language, culture and translating [M]. Shanghai: Shanghai Foreign Language Education Press, 1993.

- PACKARD J. The morphology of Chinese: a linguistic and cognitive approach [M]. Cambridge: Cambridge University Press, 2000.

十一 "字"的离散性剖析[39]

1. 引言

徐通锵（1999）认为，汉语的基本结构单位是"字"，"字"的属性有三条：现成性、离散性和语言社团的心理现实性。本文剖析"字"的离散性。

"字"是汉语的特点之一。[40]这个"字"语音上是带声调的单音节，书写出来是一个方块汉字，一般有独立的意义。这个三位一体的"字"不同于文字学的字，因此加引号。[41]

"字"的离散性有哪些体现，给汉语带来哪些影响，其根源何在，都值得深入探讨，追本溯源。

---

39 原载《外语研究》2009年第2期，1—8页，现略有修改。

40 东南亚的越南语、柬埔寨语等的最小意义单位和基本结构单位也是单音节的。

41 我们不考虑文字学的字，并非是要甩开汉字，而是不谈汉字的偏旁部首，不讨论文字形象与字义之间的关系。在绝大多数情况下，汉字的字形与意义是一种约定俗成的（任意性的）关系，汉字的意义并不能依赖字形而"不言自明"。

2. "字"的离散性的表现

语言单位的离散性意味着从语流或文字中极易析出，即具有可分析性。不仅如此，离散性还意味着这个单位具有高度的独立性和自由度。如上所述，汉语的"字"作为意义单位是独立编码的，作为结构单位具有可不断重组的特性。"字"的离散性集中体现在它的重组性，具体表现在换序、置换、拆分、插入以及它们的综合。

2.1 "字"的音和形边界清晰、"字"义相对独立

2.1.1 "字"音

"字"的语音结构相对稳定也较容易确定：它是一个带声调的音节，左右边界是固定不变的。这使得"字"成为清晰的单位，在任意长度的语言片段中都是相对独立的。尽管在实际使用的语流中，在诸如音步等语音单位中，"字"的发音会产生弱化和／或声调变异，或出现"儿化"现象，但这些并不影响"字"音具有清晰边界的论断。任何一个讲汉语的人，当被要求"一个字一个字说清楚"的时候，都会以音节为单位做出正确的切分。同样，在对外汉语教学中，老师是从单个音节开始教学生学说汉语的。

2.1.2 "字"形

单音节的"字"可用一个独立的方块字来书写，边界同样清晰无误。古代的双音字／合体字绝大多数现已不用。如"甭"虽然是两个字的合成，但已写成一个字的形式，发音也已单音节化。像"字"音一样，在汉语教学中，老师是逐字教学生书写的。

从古至今汉语保持了"单音节＋方块字"的传统，这一传统维系并支撑了"字"的独立性、离散性，以及汉语作为整体的可分析性。

2.1.3 "字"义

"字"音和"字"形从整体上说是匀质的，而"字"义就不同了。"字"的意义必须结合语境或上下文才能确定。这里的语境是语言实际使用时的情景，而上下文不仅指书面语，也指口语。在没有情景和上下文的情况下，单独的

"字"是多义的，尤其是语音的"字"。在进入上一级组合之前，许多"字"的意义是潜在的，它有若干备选的意义。这些备选义来自讲汉语的人对"字"的各种用法的知识。

"字"的意义在情景中或在不断增多的"字"串中明朗。在具体的使用中，"字"一般只有一个意义。现代汉语有双音节以上词义不透明的词，"字"在这些词中对整体意义的贡献不尽相同，有的"字"只是表音，并无实义。然而"字"在透明的词汇中，其意义是明晰的。从总体讲，汉语透明的词汇多于不透明的（严辰松，1990），因此，有关"字"独立编码性质的论断仍是成立的。

2.2 "字"的重组能力极强

2.2.1 换序

两个或两个以上的"字"可组成高一级的词汇或句法结构，如"火柴"是一个词的结构。调整语序即可改变意义是语言中常见的现象，如"火柴"变成"柴火"。"字"通过换序进行重组，表达不同的意义，是一种最为简洁和经济的语义编码方式。

从两个"字"即两个有意义的音节开始，汉语中有无数个顺序互逆的对子，表达不同的意义（包括语法意义）或相同的意义。先看不同的意义："老张"——"张老"，"结巴"——"巴结"，"物产"——"产物"，"花茶"——"茶花"，"安保"——"保安"，"雪白"——"白雪"，"生产"——"产生"，"风采"——"采风"。

《人民日报》1998年语料库中含有1 600多对这样的顺序互逆、意义不同的对子。[42] 当然，这些包括了多音多义字组成的对子，如2009年春节联欢晚会小品《不差钱》中提到的"调情"和"情调"。

前后颠倒而意义大致不变的例子如："演讲"——"讲演"，"怜爱"——"爱怜"，"冰棒"——"棒冰"，"觉察"——"察觉"，"留存"——"存留"。这种换序有时是为了调整韵律，如在戏文或诗歌中，同样体现了"字"的离散性。

---

42 笔者的研究生帮助统计。

三个"字"互换位置可形成六种排列。假如这三个"字"中有在功能上兼类的"字"，即多音多义"字"，那么这些排列很多都有意义。如：

> （1）喝酒好、喝好酒、酒好喝、酒喝好、好喝酒、?好酒喝
>
> （2）不怕辣、辣不怕、怕不辣、怕辣不、?辣怕不、*不辣怕
>
> （3）做人难、难做人、人难做、?难人做、*做难人、*人做难

　　例（1）中至少五个排列有意义，其中第五个"好喝酒"的"好"读音为 hào，与其余各"好"不同。另一个"好酒喝"似乎不成立，但如在"好酒"后稍一停顿，则也是一个可接受的序列。

　　例（2）中至少四个排列有意义，只有一个"不辣怕"完全不可接受，另一个"辣怕不"在可接受和不可接受之间，因为"辣"可以看作是前置的话题，"辣怕不"相当于"怕辣不"，两者都是问句："怕不怕辣?"。此外，由于"不"和"怕"分别是汉语中的功能词和多义词，三个"字"中的"辣"可替换成"苦""咸""酸"等，甚至"死"，表达多种意义和场景。"怕不死"在合适的语境下也同样成立，如残忍的罪犯在杀人后会有这样的担心。

　　例（3）的六个排列中有三个没有意义，但在戏剧的唱词中为了押韵不排除有"难人做"出现。如这三个"字"中的"难"换成"好"，则将产生意义更为丰富的排列。

　　四个"字"以上，可组成更多的排列和组合，数量呈几何级增长，再难出现像上面那样逐字换序而都有意义的情况，但顶真式的逐字倒换或部分字组倒换，形成回文，却是常见的。回文诗、回环修辞是汉语和汉文化的特产。

> （4）我为人人，人人为我。
>
> 　　客上天然居，居然天上客。
>
> 　　上海自来水来自海上。
>
> 　　趣多深意古人诗。诗人古意深多趣。
>
> 　　蔼蔼红霞晚日晴。晴日晚霞红蔼蔼。

以上都是顶真式的换序，部分换序的例子就不计其数了。古代经典名著中就有许多这样的警句名言，普通人也会妙用这样的结构：

（5）美言不信，信言不美。

知者不博，博者不知。

来者不善，善者不来。

今天工作不努力，明天努力找工作。

2.2.2 拆分、置换和插入

2.2.2.1 固定词的拆分和置换

拆分指的是将原本一体的东西进行分割或剥离。汉语中貌似固定的结构有时并不固定，组成成分无黏着性。与英语的词相比，汉语中很多双音节以上的词的内部凝固程度较低。

例如，很多名词因需要可甩掉一部分，然后与别的"字"构成新的组合，如："桌子"→"桌"→"桌上"；"清明"→"明"→"明前茶"；"明天"→"明"→"明起动工"；"地震"→"震"→"震中"；"流通"→"流"→"流转"；"处理"→"处"→"处分"（法律术语：处理和分割财产）；"的士"→"的"→"打的"；"巴士"→"巴"→"中巴"；"黑客"→"客"→"博客"。

"的""巴""客"原来都是音译词（"的士：taxi""巴士：bus""黑客：hacker"）中无意义的"字"，近年来都脱离原词变成了有意义的"字"（语素），并与其他"字"一起构成新词。其中"客"字的能产性最高，"黑客"中的"黑"被不断置换形成新词，用以称呼网上从事各种活动的人："拼客""闪客""博客""晒客""换客""掘客""威客""印客"。

此外，为了韵律的需要，双音节词可甩掉其中的一个音节而意义不变。在书面语中用"已"代替"已经"，用"可"代替"可以"，"然"代替"然而"，"但"代替"但是"已是常见现象。

双音节是现代汉语词汇的特征，这是不争的事实。然而由于"字"的独立性和强大的表意性，现代汉语仍然保留了古代汉语单音节的用法。应该说，使用双音节或单音节都是为了韵律的优美。"明天"是固定词，然而必要时可只取"明"一字却表达同样的意义。在文章的标题中，我们见到大量单音节词的使用。如：

> （6）四川省第三届茶文化周<u>明</u>在成都开幕
>
> 受伤直升机机师<u>送医</u>
>
> 中国女排<u>险演</u>惊天逆转惜负美国

2.2.2.2 离合词

汉语中存在大量的"离合词"，狭义的指动宾离合词，广义的包括动补离合词、主谓离合词等（周上之，2006）。依据通行的叫法这里仍然称它们为"词"，但这类结构到底算是词还是短语，即到底是词汇现象还是语法现象，至今说不清楚。说不清楚的原因之一是汉语特殊的"字"造成的。

众所周知，动宾离合词内部可插入各种修饰语或句法操作成分及它们的综合，形成扩展。动词后可插入助词或类似结构："了""着""过""得了""不了"，例如"喝着酒""离不了婚""算过命"；可插入补语：结果补语、趋向补语、数量补语等，例如"抽上了烟""革去了职""开不成/完了学""理短了发""念一次经"。另外，宾语前可插入各种定语或"什么"等，例如"负什么责""生那么大气""革地主老财的命"。插入的成分还可以是上述各项的综合，如"带了一个好头""倒了一辈子大霉"。

汉语的动宾结构本应由动词加名词构成，如"喝酒""吃饭""抽烟"，离合或插入现象也应在这样的结构中产生。然而动宾结构及其离合用法在汉语中是如此普遍，以至于汉语中有些非动宾结构也被当成了动宾结构，这是类推机制使然，而"字"的离散性则提供了条件。

首先，有一类结构的前后两"字"本是同义反复或正反对举，其间并无动宾关系，如"洗澡""鞠躬""睡觉"，但后来被看成是一动一名，经常被用作中间可插入成分的离合结构，以至于现在"澡""躬"和"觉"恐怕已被当成了名词。近来在某个电视剧里出现了"把记给登了吧"的用法，那就是把"记"用作了名词。其次，有些所谓动宾结构中的宾语意义虚泛，后面的名词并无指称意义，如"生气""介意""担心""加工""上当""带头"，现在用于离合结构也已很常见。

更有甚者，动宾结构还被类推到"小便""大便""幽默"等名词结构之上，使之发生重新分析，产生了"大了半天的便""幽了他一默"之类的结构，这里的"大""幽"等似乎成了动词。"字"的离散性使汉语词汇容易发生重新分析（reanalysis）。这是汉语语法化或词义变化的动因之一，值得研究。

动补离合词即动补结构。像动宾结构一样，这一结构在汉语中功能极强、表达范围极广，可表达事件的完成、结果、趋向、终点等。这类离合词中间插入的一般是助词、否定副词（"得"和"不"）和/或程度副词等，如"吃得饱""叫不醒""看不大清"。插入的种类不如动宾离合词多，但动词和补语间的关系多数是松散的。

值得注意的是，在动宾离合词中插入结果补语，实际上融合了动宾和动补两种结构：

（7）读腻/烦了书

嫁错/对了人

典型动补结构一般表达宾语经历动作后达到一种结果，如"他砸烂了玻璃"。上述两例的宾语有时意义比较虚泛，"读腻了书"并不一定有"书"在那儿，而是整体指事。

2.2.3 换序、拆分加插入

上面所说的动宾离合结构，包括含有动补结构的离合结构，都有宾语提到动词前换序的情况。这时换序、拆分和插入同时出现。如：

（8）酒喝多了。

理说歪了。

你的发理了没有？

册注了没有？

好经才不会被念歪。

客是要请的。

架打不起来。

语序调整是重要的功能手段，见于各种语言。然而汉语从最小成分开始，直到句子层面都有语序的调整，倒装是常见的现象。再加上各种脱落、置换、插入和扩展，使得汉语的结构错综复杂，你中有我，我中有你，分析起来很不容易，计算机处理就更难了。

3. 词位：离散性量化的证据

微软亚洲研究院黄昌宁等人运用了"由字构词"的汉语分词方法（黄昌宁、赵海，2006）。他们关于"字"的词位信息为离散性提供了间接的佐证（以下数字及表格均引自黄昌宁等，2006）。

"字"的词位即"字"在词中所处的位置。凭对汉语的了解，我们知道"字"与"字"的词位性质是不同的，如"慨"一般只出现在词尾，而表示次序的"第"一定只出现在词首。然而我们对汉语的直觉有时不够准确。黄昌宁等的研究揭示了关于"字"的全面的、较为准确的词位信息。

黄昌宁等把字[43]在词中占有的位置分为词首位、词首2位、词首3位、词中位、词尾位和单用六种。他们计算了任意字在某词位上的词位能产度，即所占各个词位的频数与总频数的比例，若任意字在某词位上的词位能产度高于0.5，就称这个词位是该字的主词位。据此他们把字按照词位分为五类："词首字""词尾字""词中字""单用字"和"自由字"。单独成词，不与其他字相组合的字是"单用字"，出现在各个词位的比例都没有超过50%的为"自由字"。表9列出了汉语中10个高频字的词位能产度，粗体表示该字的主词位。

表9. 汉语中10个高频字的词位能产度

字	频数	词首位	词尾位	单用	词首2位	词首3位	词中位
的	129 132	0.001169	0.010338	**0.987679**	0.000519	0.000163	0.000132
一	40 189	**0.540023**	0.058648	0.285650	0.086889	0.019408	0.009381
国	40 091	0.310070	0.468609	0.020828	0.151206	0.024968	0.024320
在	32 594	0.024821	0.099742	**0.869485**	0.003712	0.002178	0.000061
中	29 762	0.490558	0.093609	0.315570	0.032424	0.032323	0.035515

---

43 他们未加引号，用书写的字来涵盖所有我们所说的"字"是通常的做法，我们在此不做细分。

字	频数	词首位	词尾位	单用	词首2位	词首3位	词中位
了	29305	0.026480	0.052346	**0.919980**	0.000478	0.000682	0.000034
是	28020	0.015703	0.338829	**0.641113**	0.001642	0.002712	0.000000
人	27260	0.355020	0.304952	0.228833	0.023844	0.063243	0.024101
和	26328	0.047820	0.008356	**0.922440**	0.007710	0.001785	0.011888
有	26196	0.268133	0.313597	0.376661	0.018934	0.008207	0.014468

从表9可以看出，"的""在""了""是""和"大多单独使用，是单用字，其中"的"字独立成词的情况差不多占所有用例的99%；"一"用于词首的情况占所有用例的54%，因此是词首字；"国""中""人""有"出现在各个词位的比例都没有超过50%，这说明它们出现在各个词位的机会相似，因此是"自由字"。

在黄昌宁等使用的237万词次的语料中，共有不同的字5 147个。其中有632个单用字，占总字量的12%（见表10）。这些字的自由度和离散性是不言而喻的。表10中未列的自由字的数量是1 227个，占总字量的23.84%。这就是说，汉语中有将近1/4的字可机会较均等地出现在汉语词的各个位置。如将自由字和单用字两项相加，则共有1 859个字，占总字量的36%左右。

表10. 各主词位字量及百分比

主词位标记	词首	词首2	词首3	词中	词位	单用	总字量
字量	1 634	156	27	33	1 438	632	3 920
百分比（%）	31.74	3.03	0.52	0.64	27.94	12.28	76.16

值得注意的是，尽管其余的字具有主词位，但主词位并非它们出现的唯一词位，它们还可以出现在其他位置，如表9中的"一""是"等。再如"慨"字似乎只是出现在词尾，但在实际使用的文本中，黄昌宁等的研究发现它有少量单用的例子。如：

> （9）他信笔绘制的《江流天地外》，于有意无意、似与不似之间，为山川写神传真，一吐古今之慨。

（10）看到别人慷"格力"之慨大吃大喝，她
要管，不管是否属于自己的职权范围。

以上数字和分析充分说明，汉语的"字"与西方语言中的"语素"不能同日而语。语素一般都有自己固定的位置，不可能占据几个位置，即便能出现在两个位置上，其形式也一定有相应的变化。

依据黄昌宁等的研究提供的词位信息，我们或许可对"字"的离散性进行度量，如果将词位完全固定不变的字赋值为0，将完全自由的单用字赋值为1，则其余各类字都居于0与1这个连续统之上，其中自由字（即没有主词位的字）偏向于1。

4."字"的离散性的结果

"字"的离散性对汉语的词汇、语法、语义各个方面带来了影响，汉语的许多特点与此有关。

4.1 语义编码效率高

用语言符号表达语义是一种编码行为。笔者（2002）指出，任何编码行为都需要一套基本的符号集，基本符号是符号系统使用者最初记识、最常使用的单位；除了基本的符号集以外，编码还需要一套规则，以规定编码的方式，特别是将符号组合的方式。笔者认为，最为经济的编码系统应具备以下特点：

1）基本符号简短（声音符号占时间短；书面符号则占空间小）；

2）基本符号数量少；

3）基本符号能进行尽可能多地进行排列组合以构成更大的功能单位；

4）编码的规则简单。[44]

---

44 最为经济的编码系统是符号和法则使用最少的系统。但得和失往往互相制约，经济性和有效性需要平衡。二进制非常经济，基本符号集不可能再小，规则也很简单，但编码的产物却非常复杂，非计算机不能处理。

笔者（2002）已提及汉语语义编码以少胜多的特点。汉语用于语义编码的基本符号数量少，产生有意义的复合序列的编码规则，特别是最小单位排列组合的规则，并不复杂。如上所述，简单的换序就可表达不同的意义。强大的编码功能是与汉语最小意义单位和结构单位的单音节属性分不开的。"字"的离散性为此提供了优越的条件，"字"强大的重组能力满足了不断增长的新事物编码的需要。[45]

4.2 词法和句法相通

语法是语言成分或单位怎样"安排或组合"（arrangement）的法则。广义的语法包括了词法或形态学（morphology）和句法（syntax）。语法研究的第一步是确定言语或语言中的单位，第二步是分析这些单位所能进入的模式以及这些模式所表达的意义关系（Crystal，1997）。

形态学以西方语言为基础，主要论述形态与词性等语法范畴的关联以及形态的变化、融合等，很少论及复合构词，即通过最小成分组合构词的方式。

汉语缺乏西方语言意义上的形态，因此没有形态学。汉语的构词与造句用的是同一套法则，只与上述"安排和组合"有关。上述广义的语法涵盖构词和造句，除了形态学，其余符合汉语的实际。

汉语的构词与造句都是按照规则把下层的分子链接（concatenation）起来，如修饰语在先，被修饰语在后；主题在先，述说在后等。链接后的语段其整体意义要么是其组成分子意义的复合（compositional meaning），要么另获得一个与组成分子意义无关的意义。具有这一独特意义的语段属于真正词化了的语汇，会在词典中列出。而整体意义可从组成成分推导出来的语段则不必在词典中列出。

笔者（2002）认为，具有上述特殊性，即语义不透明的词汇如"木鱼""哑铃""克隆""王八"在汉语中比例不大。从整体看，汉语词汇以透明

---

45 谈到汉语以少胜多进行编码时必须注意，最小单位的"字"的意义并不是固定不变的。今天的"字"的意义要比古时候"字"的意义多得多，"字"还有临时意义，即词典中不列的意义。

者居多。大部分词汇的意义可从组成分子的意义推得，如"军旗""智慧""地震""打倒""述职""刷洗""评比""解脱""放纵""沿袭"。这样的语汇虽然在词典中列出，但其中很多在语法性质上是未定的、开放的，只有在具体的语境中才能确定它们的词性。

上述脱落、换序、置换、拆分和插入等都反映了汉语词法和句法重叠的特点。前文谈到，汉语的语法字不都用在动词后面，而是可用于宾语和补语之后，还可插入看似凝固的结构中，如"猪还能卫了生""我们着了很大的急"（笔者在一次会议上听到）。此外，词缀字并不一定是"词缀"，如"在地震中失去子女且无其他亲戚可以投靠者"中的"者"用于一个名词短语，其中包含了一个定语从句。这就是说，即便是语法字、词缀字这些看似在词的层面上使用的单位，都可能在句法层面上运作。上述含"者"的例子，"者"的功能甚至相当于表述条件的"if"。

汉语离合词最能反映汉语词法句法不分、各种结构交织错综的情况。动补结构是介于词法和句法之间的结构。从几乎完全凝固的"说明""断定""改善"（可以叫作词）到松散的"唱变（老百姓的心）""（人头马）喝哭（志愿者）"（短语），其间是一个连续统。在哪儿截断，从而分成词和短语两个大类，或者想说清楚动补结构到底是词还是短语都是不可能的。

笔者（2002：238）曾经指出，"汉语词汇的离合特征给汉语语法分析造成了困难。分析英语那样的语言，可讨论'句法成分'移位、省略等的动因和制约条件，而分析汉语，则还须兼顾词汇内部的离合行为，如有必要讨论：哪些词汇可以离合？离或合的动因和制约条件又是什么？此外，对这部分的语法分析，该归入哪个层次？句法还是词法？"

4.3 临时词和缩略语多

"字"可不断重组的特点使汉语词汇的内部结构松散，词汇的组成成分容易重组，形成词典或词库中未收录的临时词（赵元任，1979），程雨民（2003）称之为"话语字组"。临时词与自然语言处理中的"未登录词"（冯志伟，2001）有关系。

黄昌宁等（2006）把未登录词分为数字串+命名实体+词法派生词+新词，在他谈到的某个1.7万词次的语料库中，未登录词的出现率是6.9%，它们的类别和占比见表11。

表11. 未登录词类别

数字串（日期、时间、百分数等）	41%
命名实体（人名、地名、机构名等）	24%
词法派生词（重叠、动+助、动+趋）	4%
新词	31%

黄昌宁等说，自然语言处理中超过60%的分词错误来源于新词。他把新词分成了表12所列的五类。

表12. 新词类别

1+1（53%）	非典、抽射、网协、成教
2+1（31%）	黄金周、世纪坛
1+2（3%）	大世界、总会长
2+2（2%）	卫生设备、极端分子
其他（11%）	农牧渔业、十六大

黄昌宁等所说的"词法派生词"产生于4.2节讲到的词法和句法不分的情况，这或许是汉语独有的特点。"数字串"和"命名实体"在任何语言中都有，此处不予讨论。他说的"新词"即我们所说的"临时词"，其中包括缩略语。

根据语料的语体和来源不同，汉语临时词的数量和种类都不尽相同。实际使用的词汇很多是临时词，包括专用于某个特定的情景或事件的即用词。大量的"述说"〔这是张寿康（1981）的说法，也有人称"主谓"〕、"支配"（"动宾"）、"动补"等结构的临时词在词典里未曾收入。笔者（2002）列出的临时词，如"调控""界面""解构""解读""欢娱""扫黄""下海""传销""内存""主频""海选""瓶颈""资质"等，很多已积淀下来，成为相对固定的词汇。时隔6年，我们又见到了许多的临时词或称新词。国家语言资源监测与研究中心于2007年和2008年分别出版了《中国语言生活状况报告（2006）》和《中国语言生活状况报告（2007）》，公布了2006年和2007年出现的新词语，共计425个，如"毕婚族""独二代""恋检""裸退""迷卡""跑酷""剩女""洋漂族""窑奴""医闹""印客""游贿""熨吧""砸票""宅男""招优""证奴""装嫩族""自驾吧"等。这些新词语很多将是过眼烟云，只有一部分将积淀下来，进入汉语词汇。

以上例子都是在一般媒体上可以见到的。还有在更小的范围内，如在某个专门领域或场合使用的词汇，其意义只有圈内人或结合上下文才能知道。

上述临时词包括缩略语，但缩略语不一定都是临时词。上述黄昌宁等所说的"新词"包含了缩略语。"字"的离散性和汉字的表意性使缩略语大行其道。这些缩略语由有意义的"字"组成，与印欧语中由首字母组成的缩略语相比，信息含量大，容易理解和记忆。

在日常会话、媒体报道、网络交流等活动中，只要有可能，人们都会把双方会意的语词缩短，以节省精力和时间。"中国共产党第十七次全国代表大会"会说成是"十七大"，"第二炮兵部队"会说成是"二炮"。当教育、交通、保险、彩票、奥林匹克运动会等成为常识或经常受到关注时，我们就习惯了"成教""交强险""体彩""福彩""支奥""申遗"这样的缩略语。再如对"医患""通胀""电煤""特首""安保""英模""纪检""彩显""技改""减负""交警"等缩略语我们也已习焉不察。

缩略语分为下面几种情况：

一种是常用的缩写，如"北大""人大"（中国人民大学或人民代表大会）"总后""工商行""地铁""集资""环保"。这些词已经大众化，被视同一般词汇。

另一种是某一地区、某个行业或部门内部使用的缩略语，只有当地或行内、圈内的人知道。在洛阳，人们知道"洛耐""洛玻""一拖""中信""河柴"，但不一定知道"洛看"（洛阳看守所），后者涉及范围更小。大学生们把"邓小平理论""毛泽东思想""高等代数""工程物理"课程简称为"邓理""毛思""高代""工物"。在更为专门的领域，行话的缩略特征就更为明显，如网上有"广本"（广州本田）、"原电原充"（原装电池和充电器）的说法。

还有一种是行文中的缩略语。写文章的人为了简练或节省篇幅，会把很长的名词缩短，即在下文重复时使用简称。这类缩略语可能是临时性的产物，事后不会流通。

缩略语可能在某一事件发生时集中产生，如汶川地震使我们知道了"三孤"："孤残""孤老""孤儿"（"孤儿"原先就有）、"消杀"等词汇。

这几种分类有部分重叠。地区性、行业性的缩略语也可能逐渐大众化，如"彩超"本是医院里的缩略语，但现在普通大众也都知道。某篇文章或博客中的缩略语只要流行起来，也会成为常用的缩略语。

4.4 常用句型的表达功能强：以动补结构为例

任何语言都有句型，如英语和汉语中的双宾语句，汉语中的"把"字句、动宾结构、动补结构等。这些句型或句式是抽象的图式，可用符号表示，可有无数的实例。普通的人叫不上名字，但都会使用，这是人类语言能力的体现。

汉语动补结构的种类可以细分，语法和语义关系错综复杂，但其核心部分"动词"＋"补语"是不变的。这一结构从整体上表述"一个动作事件引起另一事件，使有关的人或事物达致某种结果"，这一基本意义适用于大多数实例。

"字"的离散性使汉语的动补结构能产性极高。动词和补语（一般各是一"字"）分别表达或表示动作和结果，分工明确。笔者认为，表达结果的"字"几乎可以穷尽。如：

完成或成功：着、成、好、完、到、过、走、起、住、上、下、拢

存在：好、成、下、到、起、出、着、见、现

消失：灭、死、掉、完、尽、光、除、走、跑、净、遍、丢

损坏或伤残：破、裂、开、烂、坏、断、碎、伤、残、穿

物体姿态：翻、倒、斜、歪、直、弯、折、松、紧、扁、牢、离、拢、住、透、稳

物理属性：红（各种颜色）、亮、暗、黑、干、湿、多、少、小、高、矮、热、凉、冷、软、硬、化、熟、生、酥、透、糊、焦、脆、满、深、浅、变

人的感觉和状态：醒、睡、晕、昏、醉、饿、饱、哭、笑、乐、腻、烦、胖、瘦、肥、胀、痛、瘫

方向：来、去、上、下、进

认知：见、懂、会、穿、清、错

占有：得、占、到、取

输赢：赢、输、败、胜

评价：轻、重、贵、贱（前述"物理属性"有些可以用于"评价"）

能够：得

然而，这不到200"字"的补语与各种动词（如：按、拔、抱、筹、打、赶、挤、接、举、扛、买、卖、捏、漆、抢、刷、抬、偷、压、扬、造、找、止、制、抓、租、做）进行搭配组合后，其数量是惊人的。

5. 结语

根据词的透明度和内部语素的融合程度，汉语从类型学上偏向于孤立语（Packard，2006），并属于典型的分析语。[46]分析语的特点是，不仅词汇意义由独立的语素来表达，语法意义也有独立的表达形式，而不是黏着或融合于其他语素。汉语的语法意义由独立的语法助词（传统叫法，即语法"字"）编码，其余各类语素相互间的界限分明，因此是典型的分析语。可分析性是汉语的一大特点。

"字"的离散性是汉语可分析性的基础，因为"字"是汉语中独立编码的基本单位，既是最小意义单位，也是最小结构单位。"字"的音、义、形的联系，继承了古代汉语"单音节语+汉字"的传统。汉字对维系可分析性这一特点发挥了作用。

"字"作为编码的基本符号具有简洁性，它的离散性集中体现为不断重组的能力。这使得汉语的语义编码十分经济有效，这一优势是西方综合语、黏着语无法比拟的。"字"的离散性造成了汉语分析性的词汇体系，同时也使语素、词和短语的界限难以划定，词法和句法难以区分，各种结构错综复杂，给语言研究和自然语言处理造成了很大的困难。

---

46 古代汉语因是单音节语，是典型的孤立语，而现代汉语已有很多双音节或多音节的词汇，已不再是典型的孤立语。

参考文献

- 程雨民.汉语字基语法——语素层造句的理论和实践[M].上海：复旦大学出版社，2003.
- 冯志伟.从汉英机器翻译看汉语自动句法语义分析的特点和难点[Z/OL].http://www.cfl.zju.edu.cn，2001-08-02.
- 国家语言资源监测与研究中心.中国语言生活状况报告2006[M].北京：商务印书馆，2007.
- 国家语言资源监测与研究中心.中国语言生活状况报告2007[M].北京：商务印书馆，2008.
- 黄昌宁，赵海.由字构词——中文分词新方法[C]//中国中文信息学会.中文信息处理前沿进展——中国中文信息学会二十五周年学术会议论文集，2006:53-63.
- 徐通锵."字"和汉语语义句法的生成机制[J].语言文字应用，1999 (1):23-33.
- 严辰松.汉英词汇透明度比较[J].解放军外语学院学报，1990 (1):2-8.
- 严辰松.论"字"对汉语词汇和语法的影响[J].现代外语，2002 (3):231-240.
- 张寿康.构词法与构形法[M].武汉：湖北人民出版社，1981.
- 赵元任.汉语口语语法[M].吕叔湘，译.北京：商务印书馆，1979.
- 周上之.汉语离合词研究[M].上海：上海外语教育出版社，2006.
- CRYSTAL D. The Cambridge encyclopedia of language (2nd ed.) [M]. Cambridge: Cambridge University Press, 1997.
- PACKARD J L. Chinese as an isolating language [M]// BROWN K. Encyclopedia of language and linguistics (2nd ed.). Oxford: Elsevier Ltd., 2006: 355-358.

十二 "字"作为基本结构单位的语义和语法属性[47]

1. 引言

有关汉语"字"的独特性,前辈和时贤有很多精辟的论述。如吕叔湘(1980)指出,"词"在欧洲语言里是现成的,汉语恰好相反,现成的是"字"。徐通锵(1994)认为,汉语的基本结构单位是"字";英语等印欧语的基本结构单位是"词"。潘文国(2001)认为,汉语的基本单位是"字",满足四个条件:天然单位、民族认识世界的基本单位、语言各平面研究的交汇点、语法上承上启下的枢纽位置。本文先论证"字"是最小的意义单位和基本的结构单位,然后分析它的各个维度,以期更深刻地揭示汉语这一重要成分的基本属性。

2. "字":最小的意义单位和基本的结构单位

2.1 最小的意义单位

笔者(2002)曾引用过Bolinger等(1981)关于语言最小"独立编码单位"的论述。Bolinger等(1981)认为,开始附着语义的最小单位是音节,音节以

---

47 原载《解放军外国语学院学报》2009年第6期,1—7页,原标题为"'字'作为基本结构单位的'音、形、义、法'"。

下的语言单位一般不具有语义。具有意义的音节或音节组合叫作语素，是语言中承载意义的最小单位。

语素同时也是"最小的结构单位"。语素单独不能使用，有必要组合成上一级单位——词才能入句使用。组合涉及广义的语法。说语素是"最小的结构单位"是从能够组词的角度来说的，词法属于广义的语法。

汉语开始附着意义的音节是带声调的音节。这些带声调的单音节大多有意义。脱离语境，即单独发声时，这些单音节有时具有不止一个意义，但在具体使用的语流和语篇中，一个单音节通常只有一个意义。

汉语单音节的书写形式是汉字，但单音节与书写形式没有一对一的关系。一个单音节通常对应于不止一个汉字，即相同的单音节可能对应于不同的意义，需要用不同的汉字来表示。一般而言，一个汉字仅代表一个意义。

"音节＋意义＋汉字"构成了汉语的"字"。因承载意义，"字"是最小的意义单位；因能组成高一级的语段，"字"同时也是汉语最小的结构单位。本文论证的"字"是上述三位一体的单位，而非书写的汉字。

2.2 基本的结构单位

"字"不仅是汉语最小的，还是其基本的结构单位。

Bolinger 等（1981）指出，英语的词"是语言中不断重新组合、传达信息的常用片段"，是"独立编码的最小成分"。

这两句话说出了英语"词"的性质。"独立编码的最小成分"道出了词的语义属性。这就是说，虽然英语语素是承载语义的最小单位，但只有词才是独立编码的，是讲英语的人记识语义的主要单位（下页图 11a 中用方框表示）。"不断重新组合"说的是词的语法属性，即它组成更大语言单位的自由度高。"常用"指的是词在英语中发挥最基本的作用，充任多种功能，并为讲母语的大众所熟悉。

笔者认为，独立编码、不断重组的能力和常用性结合起来可用作判别基本结构单位的标准。其中，常用性应是基本结构单位必备的属性。"词"是英语的基本结构单位。

英语等印欧语的语素是最小的结构单位，但不是基本的结构单位。"语素"是研究语言的学者们关注的概念，常人并不知道。比如母语为英语的人可能知道某些词缀（如non-、un-、bi-）的意义，但假如问及某个英语词有几个语素，一般人恐怕都答不上来，而且即便是语言研究者也未必人人都说得上来，除非是专门研究语素的。

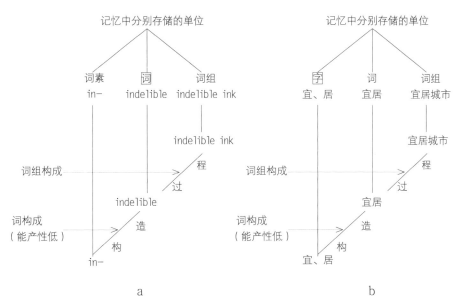

图11. 英语和汉语的基本单位：词和"字"[48]

Bolinger等（1981）用于描述英语词的这两句话，完全适用于汉语的"字"，因为"字"同样是"不断重新组合"的"常用片段"，是"独立编码的最小成分"。"字"和英语的词在各自的语言中都具有自足的意义，具有很高的独立性和自由度，既可独立使用，又可与别的成分结合使用；同时，英语的词和汉语的"字"都是各自语言中的常用单位。因此，汉语的"字"和英语的词分别是两种语言的基本结构单位（图11中用方框表示）。

"字"在汉语结构中担当着最基本的作用，它的常用性是显而易见的。"字"是字典和词典的主目、教科书中单列的项目、话语或句子的组成成分，

---

48 图11a译自Bolinger,et al, 1981:58，11b由笔者自制。

既可用于构词，也可直接入句，充任多种功能。

赵元任（1979：79）曾经说过，"存在这样一个单位：大小在音素和句子之间，是不懂语言学的普通大众都意识到、谈论到，并用日常语汇描述的单位"，这个单位是"社会学的词"（sociological word），"在英语中是'word'，而在汉语中却是'字'"。

赵元任这几句话至少说明了两点：① 汉语的"字"和英语的"词"有相同或相通之处；② 语言学单位的判断标准可从普通人的角度来定。汉语的"字"和英语的"词"，在大众中具有"心理现实性"（徐通锵，1999），"字"和"词"对普通人（而不是语言研究者）的感受而言是相同的，因此它们都是基本的结构单位。

2.3 "字"的双重性

仔细观察，"字"具有双重身份，可以身兼二任。因拥有很多双音节以上的词，现代汉语已不再是单音节语。"字"在这些词中充任相当于语素的功能。从基于西方语言的现代语言学理论来看，"字"可以看作语素。但是，"字"与语素不尽相同。

笔者（2002）曾指出，语素中的"素"是指"成素"，含有是更大单位的组成成分的意思，意味着本身不具有独立性。在多数情况下，语素融化、隐身于词之中。英的语素是真正意义上的"成素"，虽然是意义开始附着的单位，但由于融入词的内部，它不是"独立编码"的单位，也不是语义记识的主要单位，绝大多少语素的意义不为常人所知。而且，构词语素受到各种约束和限制，如哪些词根能与哪些前缀或后缀结合，在实际使用中后面该用哪些屈折是明确的、固定的，因此语素很少有脱落出来重组的自由。有些词缀有一定的自由度，可分离出来另组新词，如non-、-less等，但它们的位置是固定的，不能随意变动。

然而汉语中绝大多数"字"是"独立编码"的，即便是在词中，很多"字"的意义也是明晰的，"字"是讲汉语的人记识语义的主要单位（见图11b），即具有吕叔湘所说的"现成性"和汉语社团的心理现实性。此外，"字"具有相当高的独立性和重组的自由度，很多"字"可从词上分离和脱落，并可组成新词。如"清明"→"明"→"明前茶"，"国有企业"→"国""企"→"国企"，"笔记本"（电脑）→"本"→"神州小本"，"桌子"→"桌"→"桌上"。

更重要的是，"字"不仅可以充任语素构词，而且可以直接造句，独立使用。如："但其尚未出生，便已惹来争议重重，身患'三高'之症"（《南方周末》2009年10月22日17版）。在这一句20个字中，单音节入句使用的字达10个，占了一半："但""其""便""已""惹""来""身""患""之""症"，另有"三高"是临时词，"尚未"是副词加否定词，也都可算作是字的组合，只是"尚未"因常用已被《应用汉语词典》（商务印书馆辞书研究中心，2006）收录，似乎成了一个固定的词。

"字"具有构词造句两方面的功能，是"不断重新组合"的"常用片段"。英语的语素不具备"不断重新组合"的功能，更不是"常用片段"。这是"字"与英语语素的本质差异。

语言单位不断重新组合的能力显然体现在黏着和自由（bound or free）以及在不同位置上出现的灵活性（positional mobility）这两个方面。如果把语言单位的重组能力看作是能产性，那么，英语的语素、词和汉语的"字"的能产性是不同的。英语的语素既不自由，位移又不灵活，因此能产性最低（图11a）。英语"词"单独作为句法成分自由度高，但若处于句法成分内部时则受到相当多的限制，如名词作为中心词只能位于名词短语（nominal phrase，系句法成分）的最后，作为修饰语则出现在中心词的前面；形容词处于句法成分内部时位于名词前或介词和限定词后。综合来看，英语"词"的能产性中等。汉语"字"由于既能构词，又能入句，所以能产性最高（注意图11b并未显示"字"的造句能力）。表13小结了"字"、英语语素和词的共性和差异。

表13. "字"、英语语素和词的共性和差异

	意义初始单位	独立编码	重组的能产性	常用单位
汉语"字"	+	+	+（构词并造句，能产性高）	+
英语语素	+	−	+（构词，能产性低）	−
英语词	−	+	+（造句，能产性中等）	+

3. "字"的语义和语法属性

笔者（2009）论及"字"可从音和形两个方面明确界定。"字"的语音结构固定，边界清楚，可单独诵读；它的书写形式的边界更是清晰：汉字既可从左向右书写，也可从右向左及从上向下书写，前者如"空航南海"（客机右侧书写的"海南航空公司"的简称），后者如对联。我们可以教不懂汉语的人某个"字"怎样发音，也可向他展示一个个汉字。

从语音结构为单音节和书写形式为方块字这两点来看，"字"是匀质的（homogeneous），即几乎所有的字在这两个维度上都具有相同的性质。在意义和其他维度介入之前，"字"是"一个音节·一个汉字"。[49]笔者不同意有"双音字""三音字""多音字"的说法，类似说法混淆了"字"和"词"的区分。

除"音"和"形"以外，"字"作为基本单位还有其他维度。在这些维度上，"字"与"字"之间性质不同，即是非匀质的，换句话说，我们可以按这些维度来对"字"进行分类。

"字"至少还可以从四个维度来考察：意义、语法、常用程度和语体风格。其中，意义和语法最为重要。笔者（2009）已论及"字"的意义，本文做进一步的审视。

3.1 "字"义

假如离开语境，单个音节及单个汉字，并不一定都有确定的意义。"音、形、义"的结合有各种情况，有"音"和"义"的结合，有"形"和"义"的结合，也有"音、形、义"三者的结合，但都必须是在具体的使用中。

口语中单独的"字"是一个带声调的语音片段，符合汉语普通话的正音法。一般来说，在单独诵读且不是实际使用的情况下，这个口语音节有一个或多个备选义（如可用不同的汉字来书写），如"gāo""chī"。然而一旦放入

---

49 极少数例外如"哩"和"浬"，它们是双音节字，分别读作 yīnglǐ 和 hǎilǐ，但现在这两个音节通常直接写成"英里"和"海里"了。

情景或上下文，这一音节立即就有了意义，如一个刚学会说话的孩子指着一块蛋糕说"gāo"或"chī"，就表明他指的是那块蛋"糕"，或是想"吃"那块蛋糕。然而除了像幼儿使用语言的情况，汉语中只使用一个单音节带声调的"字"的情景不多。[50]此外，一个音节具有的不同意义的数量不同，各意义可能出现的概率也大相径庭。有的音节就只有一个意义，如niáng（"娘"）、niàng（"酿"）、niào（"尿"，既可做名词，也可做动词），但像bì、lǐ、gōng、xiàng这样的音节，意义就有多个。

双音节的"字"组，同样有备选义，然而比起单音节的"字"要少得多，因为多一个音节，歧义就减少一分。在没有情景或上下文的情况下，听话人也会根据自己的语感，按这一组最有可能表达的意义来解读。选中的意义通常是这一"字"组最常用的意义。

口语中随着"字"数的增加，语段的意义会逐渐明朗，但唯有语境能立刻给这些语段解歧。如xīshì至少让人想到三个同音"字"组："西式""稀释"或"稀世"。在一个化学实验室面对一个容器里面的液体听到这两个音节时，它们的意义极有可能是"稀释"；而在一个展览馆面对一些展品发出的同样的声音，尤其有可供比较的两类展品时，则"西式"的意义可能性大；而"稀世"的意义往往要与zhēnbǎo（"珍宝"）等联系在一起才有可能明晰。

书面语的"字"，对识字的人来说，几乎每一个都是有意义的，因为我们知道这些汉字的用法。知道"字"的意义也意味着知道它的用法，即便见到一个联绵字组（通常称为"联绵字"）中的一个字，识字的人大多也能说出它的同伴。

汉语的文字与意义有独特的关联，汉语的"字形"对"字义"有限定的作用，在没有上下文的条件下，书写出来的"字"比听到的"字"意义更为清楚。这里的关联不是说字的偏旁部首的写法与意义有特别的关联（文字形态本身提供的理据是有限的）。字与意义的关联更多是受过教育的人对它们用法的记忆。

---

50 侯宝林相声《戏剧与方言》中有河南话用单音节对话的例子："谁？""我。""咋？""尿！"

汉字有解歧的作用，但不少汉字具有潜在的多个意义，即有多个备选义，只有出现在两个或两个以上的字组中时，其意义才能确定。汉语字典或词典列出了字的一个或多个意义，所根据的不仅是"字"现行的用法，也根据它们在历史上曾有过，但现已不再流行的用法。

同样，语境无疑是书面语解歧的最好途径。"处分"这两个字让我们首先想到的是按纪律条令"惩罚"某人的意思。但这个字组如出现在离婚案件的判决书上，它就成了一个法律术语，意思是"处理和分配"财产，读音也不相同。"处分"在这里同形不同音。

值得注意的是，"字"的备选义有各种情况。由于"意义"本身的意义是含糊或多义的，"字"的意义自然也有各种情况。语言学中的"意义"有时涵盖功能。"桌""火""人"有实在的意义，而"了""且""于"的意义就比较虚泛，属语法意义，而"吗""呢""吧"等则是用来表示语气的。再如有些"字"或有的"字"的某些用法只是用来表音，并无实在的意义，如"忽悠"中的"忽"和"悠"，"杯葛"中的"杯"和"葛"，"马达"中的"马"和"达"。"忽悠"是语内音译词，来自东北口语，现已成为普通话的词汇之一，不久就可能进入词典，但一开始用"忽悠"这两个字来记录口语有可能是任意的，并不一定有理据。"嘚瑟"一词也是。而"杯葛"和"马达"是音译外来词boycott（英语）和motor（英语）的结果。

"忽悠""马达"及很多表音词作为整体才有意义，其中的单"字"是没有意义的，尽管在其他情景或组合中这些"字"是有意义的，如"马车"中的"马"。

音译词中的"字"以外，汉语中还有一些"字"必须在组合中才有意义，这就是联绵字组，如"唏嘘""匍匐""荏苒""坎坷""囫囵""尴尬"。"囫囵""尴尬"是语内音译词，源自江浙方言。

现代汉语中有双音节以上词义不透明的词，"字"在这些词中对整体意义的贡献不尽相同，有的"字"只是表音，并无实义。然而"字"在透明的词汇中，其意义是明晰的。从总体讲，汉语透明的词汇多于不透明的（严辰松，1990）。

必须说明的是，"字"的潜在意义不仅限于字典或词典中所列出的。语言具有"即用"功能，"字"在具体的语境中获取特定的、字典或词典中未列的意义。在奥运会期间，我们不断听到或见到"首金""夺金""冲金"的说法，这里的"金"是指"金牌"，《现代汉语词典》（第7版）中"金"的七个意义没有这一意义。再如"原电原充"中的"电"是指"电池"，而"充"是指"充电器"。"原电原充"是个缩略语，出现在某手机的网络广告中。"非遗"指"非物质文化遗产"，"广本"指广州本田牌汽车，而"神州小本"指"神州牌笔记本电脑"。"国企""民企"和"私企"原来也是即用词，现已固化为常用词进入《现代汉语词典》（第7版）。

论及"字"的意义，事情立刻就变得复杂起来。"字"在这一维度上的性质大相径庭，它们的身份和功能不尽相同。因此，我们必须先确定意义有哪些分维度，然后才能按这些分维度给"字"进行分类。

前文已经区分了"表音字"和"表意字"。汉语中大多数"字"是后者。有的"字"既表意，又表音，如"黑客"，当初用来翻译hacker，选字非常巧妙。"黑"在汉语中原来就有"秘密"和"非法"的意思，"客"原本就有"外来访问者"的意思，只是"黑客"是"非法访问网站且图谋不轨的不速之客"。要注意的是，"客"作为"网站访客"的意义原先是没有的，但现已广泛使用，由"客"组成的名词已达数十个。另一些"字"原本表音，后来逐渐获得表意功能，有学者把这种现象称为"字化"（陈保亚，1999），如"的"，原是音译词"的士"的一部分，现在可用于"打的""的哥""摩的"，"的"已获得"出租的交通工具"的意义。其他例子有"秀""吧"等。

3.2 "字"的语法性质

语法是语言成分或单位怎样安排或组合的法则。最广义的语法包括了词法或形态学（morphology）和句法。语法研究的第一步是确定言语中的单位，第二步是分析这些单位所能进入的模式以及这些模式所表达的意义关系（Crystal，1997）。

西方语言学的语法分析大多只管句法。词以下形式的组合问题归属形态学。汉语的"字"具有双重性，既可以充任词，也可以充任词以下的成分。它有相当于语素的时候，但不等同于语素。我们无意否定以词为基础的语法分析，即便是对汉语的分析也是这样。但在分析汉语的时候，我们必须考虑"字"的特殊性。

"字"所能进入的结构、与别的"字"组合的特点或是进入更高语言层次的方式，可从以下五个方面来看。

3.2.1 黏着和自由

黏着（bound）和自由（free）是用来区分"字"的组合特点的常用标准（赵元任，1979）。除了联绵字组中的"字"以外，黏着的"字"有点像黏着语的语素。例如"-责-""-胁-""-案-""-卉""-慨"，短横表示其他"字"可出现的位置。联绵字组中的单字不具备语义，且一般是黏着的。

按黏着和自由分类，"字"被分为"自由语素""半自由语素"和"不自由语素"（黄伯荣、廖序东，2007）。[51] 能够独立成词的单音节语素被称为自由语素（如"人""车""吃""红"）。不能独立成词，但是能够和其他语素或比语素大的语法单位自由组合成词的单音节语素称为半自由语素（如"责""协""鸭""辈"）。有的单音节语素不仅不能独立成词，而且在和别的语素或比语素大的语法单位组合成词的时候，位置往往是固定的，称为不自由语素（如"卉""疚""迥""髦"）。

"字"具有高度的离散性（严辰松，2009），此外，汉语的"词"极难定义，如词典词和实际使用中的词差异极大，因此所谓"黏着"和"自由"的标准很难适用。除了联绵字组中的情况，所谓黏着其实是相对而言的。一些黏着的常用"字"同样具有相当高的重组能力，如"责"似乎是黏着的，但日常见到的很多带"责"的词词典中其实是不列的，如"追责""履责""免责"。所以，要想列表将所有的"字"分成"黏着"和"自由"两类或"自由""半自由""不自由"三类，实际上是行不通的。"黏着"和"自由"只是相对而言的。

---

51 笔者认为，语素和字是不可同日而语的，但这里沿用原出处的说法。

在特殊情况下，甚至联绵字组也并非铁板一块。"蝴蝶"中的蝶早已分离出来成了单独的语素，出现在各种复合词中，如"蝶类""蝶翼""蝶泳""蝶状""粉蝶""蜂蝶""彩蝶""飞蝶"。再如花店中卖的玫瑰，假如有多个种类，那么老板就可能分别叫作"红玫""黄玫""紫玫"等。再如星巴克咖啡店中的咖啡可以分为"奶咖"（牛奶咖啡）和"豆咖"（豆奶咖啡）等。"字"的离散性使创制缩略语或新词极其容易。当人们需要分别命名或称呼某一同类事物中的小类时，可采取"区分词+大类名"的方法。

3.2.2 结合面的宽与窄

结合面的宽（versatile）与窄（restricted）是赵元任（1979）提出的一对分类标准。不管是黏着还是自由的语素，结合面宽的"字"组合能力强，结合面窄的"字"组合能力弱，即前文所说的能产性有高低。Packard（2000）认为结合面的概念不同于能产性（productivity），前者是指"字"能在多少不同的词中出现，而后者是指组成新词的能力。

结合面的宽与窄与上述自由度和下述词位都有关。自由度高的"字"，其结合面自然就宽。此外，同是黏着的"字"，两边自由的"字"比单边自由的结合面要宽，如"案"字，可组成"命案""血案""犯案""破案""并案""投案""查案""结案""案件""案情""案验""案由""案例""五卅惨案"，这还不包括其他意义的"案板""案头""方案""图案""教案"等。这样的"字"是大量的，如"面""责""劳""武""社"等。结合面窄的如"眠"："安眠""蚕眠""睡眠""休眠""失眠"。其他如"慨""嗑""雍"等。

一般来说，结合面宽的"字"，不仅能在多个词汇中出现，也容易组成新词，而结合面窄的"字"，能在其中出现的词汇数量少，组成新词的能力也低。

应该注意的是，常用"字"的结合面一般是宽的，因此结合面的宽窄显然与"字"的常用程度有关。

3.2.3 单说和单用

单说和单用作为汉语单位的判别标准是吕叔湘（1979）首先提出来的。

单说是指能在口语中单独说出来，独立成为一个utterance，utterance就是单说中的"说"。"字"能否单说是区分词的标准。能单说的是词，否则不是词。

比如"鸡"可以单说，因此是词，"鸭"不能单说，要说"鸭子"才行，因此"鸭"不是词。凭语感我们可以确认某个语言单位能否单说，也就是可以设想它能否单独用作utterance。但有时语感也不好把握。如"成"，普通话中不能单说，但在某些方言中能单说，因此是个两可的情况。而且语感也因人而异。

单说的标准还好把握，单用的标准笔者的理解是指语言单位是否具有独立性。如"明""的""占"是可单用的，因此是词，而"慨""噪""啡""玛"一般不能单用，就不是词。单说的词的独立性应为最强，能单说的词一定可以单用，单用的词不一定能单说，不能单说的词有可能单用，但不能单用的词一定不能单说。单说和单用两相组合产生以下四种情况，其中第三种情况应该排除。

单说且单用：有、好、过、帅

不单说，不单用：慨、噪、萨

*单说，不单用

单用，不单说：的、了、着、明、古、夜

然而，即便是单说的标准，有时也会出现问题。一般认为"鸭"不能单说，但它其实可以独立成句，例如："问：'吃鸡还是鸭？'答：'鸭。'"这符合单说的标准。独立成句的语言单位难道不是词吗？

单用的标准比较含糊，是指口语还是书面语？是在构词层面还是在组句层面？几乎所有单个的音节，在没有情景和上下文的情况下，我们很难确定能否单用，如"mǎ"可分别写为"马"和"码"，前者可单说，当然也可以单用，后者不能单用。因此，单用的标准一定要结合汉字才能运用。

由于具有离散性的特点，有些一般认为不单用的"字"，有时也很难断言一定不能单用，如上述"慨"字，用于"他倒是慷公家之慨"，能否算是单用呢？

再者，同样是单用的"字"，其语法语义性质迥然，如"的""了""着"是语法虚字，而"明""古""夜"是实义词，两组"字"出现的语法环境和意义显然不能同日而语。

3.2.4 "字"移位的灵活性：词位

"字"的词位即"字"在词中所处的位置。"字"的词位信息反映了"字"在汉语中的分布，也是一种语法信息。凭对汉语的了解，我们知道"字"与"字"的词位性质是不同的，如"卉"一定只出现在词尾，而表示序次的"第"大多出现在词首。然而我们对汉语的直觉往往不够准确。笔者（2009）提及黄昌宁、赵海（2006）的研究。他们把"字"在词中占有的位置，分为词首位（B）、词首 2 位（B_2）、词首 3 位（B_3）、词中位（M）、词尾位（E）和单用（S）6 种。如"占"在汉语中可分别出现在以下的位置上。

词首 B：<u>占</u>领

词尾 E：抢<u>占</u>

词中 M：独<u>占</u>鳌头

单用 S：已<u>占</u>全国

按所能出现的词位的比例超过总数 50% 的标准，黄昌宁等将"字"分为"词首字""词尾字""词中字""单用字"和"自由字"。黄昌宁等的研究揭示了"字"的精确的词位信息，但也从另一个角度印证了"字"的离散性和重组能力，因为绝大多数常用"字"可以出现于两个以上的词位。

3.2.5 "字"充任句法成分

如前文所述，"字"不仅可以构词，而且可以直接入句，独立使用。在汉语文章标题中有大量"字"独立使用的例子：

（1）招商银行周转<u>易</u>

"中国首善"陈光标回忆<u>儿时</u>艰辛 兄姊活活饿死

河南商丘人大代表吴振海非法集资 6.1 亿被<u>刑拘</u>

下划线部分是单"字"入句的例子。有些被认为是缩略现象，如"刑拘"是"刑事拘留"的意思，"儿时"是"少儿时期"的意思。标题需要简洁明快，用词少而精，因此常使用类似过去电报的语言："明抵沪，望接"。标题以外，汉语诗歌也是以"字"入句最好的例子。

单"字"入句不仅出现在标题、电报和诗句这些惜墨如金的地方，在一般文章中也大量出现。程雨民（2003）的《汉语字基语法》一书列举了很多例子。

"字"的语法性质，是各种争议的焦点。在很多情况下，"字"算是构词还是造句成分其实是很难区分的。例如汉语复合词的语法性质处于词法和句法之间。汉语界历来用句法术语给复合词命名（如"定中""主谓""状中""述宾"等），这是其跨界性质最好的佐证。

王洪君（2005）注意到，汉语中有一类身体器官加形容词的结构，有的已经完全词化，获得了几乎独立的意义，如"眼红""心疼"，有的还没有完全词化，尚处于半凝固状态。一些描述人的属性或状态的结构正在向形容词转换，如"心细""心烦""嘴馋""耳背"等。修饰它们的副词"很""不""挺"等，既可以用在前面，也可以插入中间。如"他嘴很馋/耳很背""他很嘴馋/很耳背""他嘴不馋/耳不背"或"他不嘴馋/不耳背"；再如"他挺心烦的""他心不烦"；"他心很细""他很心细""他心不细"等。当一些在句法层面操作的副词进入了所谓的词的内部时，我们很难说它们的组成分子是构词成分还是造句成分。

Packard（2000）提出了判断双音节以上复合词词化的三条标准：[52]① 构词成分是保留还是丧失原来的意义；② 复合词是否形成了比喻意义；③ 构词成分中的相互语法关系在复合词中是否还存在。根据这三条标准，他分析了汉语复合词中词化程度由低到高的五种情况。事实上，很多已经列入词典的双音节词其实词化程度很低，其中的构词成分全部或部分保留了原来的意义，它们相互的语法关系仍然可以分析，且合成后的整体并未形成独立的意义（包括比喻意义），这样的例子有"礼物""来意""减轻""错怪""裁并""报失"等。这

---

52 学界判断词化的另一说法也涉及三个标准：① 结构的结合度。如果不能中插任何成分就是词，能够中插的就是短语。"白铁"不等于白的铁，因此是词，而"白布"等于白的布，因此是短语。② 词义的透明度。词义不能从组成成分的意义相加并推导出来，那该组合就是词，相反，词义等于组成分子意义的相加就只能是短语。如"心疼"和"胃疼"，前者是词，后者不是。③ 重音的改变。短语或词组的重音在第二个成分上。变为复合词后，第二个成分的重音就弱化发轻声。如："东'西"（东边和西边）和"东西"（事物），"下'场"（退场）和"'下场"（结局）。

些复合词之所以被称为词，就是因为它们使用频率极高。

如果用学界常说的"结构紧密、使用稳定"作为词化的标准，它们其实只符合"使用稳定"这一条，结构上算不上紧密。如"打倒"可以说成"打而不倒"。

甚至结构紧密的词也可以分离，这就是汉语的离合词现象："努力"——"再努一把力"，"捧场"——"捧德国人的场"，"淋浴"——"淋半身浴"。

4. 结语

对于"字"我们可从"音、形、义、法"四个维度进行考察，本文着重探讨了"义"和"法"。上述四个维度以外，"字"至少还可以从"常用程度"和"语体风格"两个维度来看。

"字"的常用程度显然构成一个连续统，最常用和最不常用的"字"处于两极。常用程度与是口语还是书面语有关。最常用的大多在口头上使用，最不常用的往往是书面语，或只是出现在古代文献中。且不说《康熙词典》这样的大词典，即便在《现代汉语词典》（第7版）中，也有很多现已很少用于口语甚至书面语的字。有研究表明，最常用的2 500个汉字已能覆盖现代汉语文献的99%以上（郑泽之等，2003）。

由于日常口语表述的内容远不及书面语广泛，因此其中使用的"字"数量更少。在没有上下文的情况下，当我们听到某个"字"的时候，最先想到的是最常用的那个意义，如听到mǎ的时候，我们首先想到的是"马"，而不是"码"。

需要指出的是，不常用的"字"有可能出现在常用的"字"组中间，如"花卉"中的"卉"，"陷阱"中的"阱"，"神采奕奕"中的"奕"，"义愤填膺"中的"膺"，"风靡一时"中的"靡"。这些属于上述黏着的"字"，它们已固化在这些还算是常用的"字"组中了。

"字"是用于口语还是书面语，是用于正式还是非正式的文体，体现了语体风格，例如"死"和"故"虽然表达了相同的真值意义，但语体风格不同。"字"的语体风格要结合语境、上下文或至少汉字才能确定。单个或少量的音节，在没有情景和未用汉字解歧之前，我们不好确定它的语体风格。许多相对正式的"字"属于文言文，现代汉语仍然随处可见古代汉语的痕迹。

参考文献

- 陈保亚. 20世纪中国语言学方法论 [M]. 济南：山东教育出版社，1999.

- 程雨民. 汉语字基语法——语素层造句的理论和实践 [M]. 上海：复旦大学出版社，2003.

- 黄伯荣，廖序东. 现代汉语（增订3版）[M]. 北京：高等教育出版社，2007.

- 黄昌宁，赵海. 由字构词——中文分词新方法 [C]// 中国中文信息学会. 中文信息处理前沿进展——中国中文信息学会二十五周年学术会议论文集，2006: 53-63.

- 吕叔湘. 汉语语法分析问题 [M]. 北京：商务印书馆，1979.

- 吕叔湘. 语文常谈 [M]. 北京：生活·读书·新知三联书店，1980.

- 潘文国. "字"与Word的对应性（上）[J]. 暨南大学华文学院学报，2001（3）：42-51/74.

- 商务印书馆辞书研究中心. 应用汉语词典 [M]. 北京：商务印书馆，2006.

- 王洪君. 动物、身体两义场单字组构两字的结构模式 [J]. 语言研究，2005，25（1）: 1-11.

- 徐通锵. "字"和汉语研究的方法论——兼评汉语研究中的"印欧语的眼光" [J]. 世界汉语教学，1994（3）: 1-14.

- 徐通锵. "字"和汉语语义句法的生成机制 [J]. 语言文字应用，1999（1）: 23-33.

- 严辰松. 汉英词汇透明度比较 [J]. 解放军外语学院学报，1990（1）: 2-8.

- 严辰松. 论"字"对汉语词汇和语法的影响 [J]. 现代外语，2002（3）: 231-240.

- 严辰松. "字"的离散性剖析 [J]. 外语研究，2009（1）: 1-8.

- 赵元任. 汉语口语语法 [M]. 吕叔湘，译. 北京：商务印书馆，1979.

- 郑泽之，王强军，张普，等. 基于大规模DCC语料库的《现代汉语常用字表》《现代汉语通用字表》收字情况统计分析 [C]. 20th International Conference on Computer Processing of Oriental Languages，沈阳，2003.

- 中国社会科学院语言研究所词典编辑室. 现代汉语词典（第7版）[M]. 北京：商务印书馆，2018.

- BOLINGER D, et al. Aspects of language [M]. New York: Harcourt Brace Jovanovich, 1981.

- CRYSTAL D. The Cambridge encyclopedia of language (2nd ed.) [M]. Cambridge: Cambridge University Press, 1997.

- PACKARD J L. The morphology of Chinese: a linguistic and cognitive approach [M]. Cambridge: Cambridge University Press, 2000.

十三 "字"的即用和"字"义的衍生[53]

——汉语语义编码以少胜多的奥秘

1. 引言

自改革开放以来，中国社会、经济、文化等各个领域发生了翻天覆地的变化，各种新概念、新事物雨后春笋般涌现，汉语对新形势应付裕如，新词汇以史无前例的速度和数量在增加。本文试从共时的角度，从当下正在经历的一些语言现象，管中窥豹，考察汉语何以能够用较少数量的语音和文字符号进行语义编码，分析"字"的新义产生的机制和过程。

2. "字"的创造性运用

汉语最基本的语音和文字资源是单音节有意义的"字"。"字"及其高度的独立性和重组自由度使汉语在语义编码的效率方面体现了极大的优越性。一般认为，汉语1 300多个带调号的不同音节结合最常用的2 500个左右的汉字能够表述几乎天下所有的事情。

然而，汉语能以较少数量的符号进行编码，有一点需要注意：

今天的"字"的义项远多于古时候的"字"。从古至今，"字"的意义并非

---

53 原载《汉语学习》2010年第5期，97—104页，现略有修改。

固定不变，而是已经衍生出许多新的意义。这就是说，汉语对新概念、新事物的编码，如果是一个组合，其中分子的意义有可能是有别于先前的。

为了表述新概念和新事物，汉语的特点历来是创造性地利用原有的语音和文字资源。"六书"（指事、象形、形声、会意、转注和假借）是文字及其意义辗转相生的途径或方式，总结的就是这类创新的运用。到了近现代，虽然汉语的音节和汉字不再增加，但推陈出新的进程一直在延续。新词不断出现，新语素不断增加，"字"义不断衍生和扩展。

从近30多年来汉语的使用来看，汉语语义编码以少胜多的奥秘之一是"字"在即用中获得临时的意义，之二是通过即用的简称和缩略、隐喻和转喻以及语内语外的引进，直接或间接地增添新的"字"义，两者都能提高"字"的复用率和指称能力，增强它们的语义编码潜能。

2.1 "字"的即用：简称和缩略

在实际使用的汉语中有大量赵元任所说的临时词（赵元任，1979），本文称之为即用词或即用语。即用语是专为某事、某场合使用的，或是讲话和行文中的简称或缩略，词典中一般未曾列出，也未必会流传后世。曾引起笔者注意的即用语有"洛看"（洛阳看守所）、"中工"（本店招收中工和小工各五名）、"孕婴商店"（孕妇婴儿用品商店）、"留服中心"（留学服务中心）、"原电原充"（原装电池和充电器）、"神州小本"（神州牌笔记本电脑）、"推（特）文"（来自Twitter的语言，《南方周末》2010年2月18日7版）等。

即用语需要情景才能理解。洛阳广播电台曾使用过"迎峰度夏"的说法。"迎峰度夏"就是一个即用语。在没有上下文的情况下，我们对"度夏"和"迎"的意义不难理解：分别是"度过夏天"和"迎接"的意义，但"峰"的所指却不好确定。如果说与"供电"有关，则这个"峰"是"用电高峰"的意思。然而"峰"字也有可能表达"洪峰"的意思。在长江中下游地区，夏天长江的水位是最高的，在雨水多发的情况下，难免会产生洪峰。在夏天采取措施应对洪峰的到来以防止可能发生的险情，也可以说"迎峰度夏"。

在讲话和行文时因避免重复而使用的很多即用语都是简称和缩略语。如前文的"洛看""孕婴""留服"和"原电原充"。观察任何一家媒体，如报纸、电台、电视台，简称和缩略语可以说比比皆是。写这段文字的时候，笔者脑海中跳出的就有"世博""青歌赛""高铁""动漫""低碳""减排""低保""传媒""高清图""经适房"。这几年在媒体和网络上听到和看到的即用语不胜枚举，如"医闹""裸退""晒客""秒杀"等。

即用语可以是某个或某些语言使用者的创造，如"宜业""宜游""宜商""宜学"是从"宜居"类推出来的，其本身在不久前也是一个即用词。在这几年教育部和国家语言文字工作委员会公布的新词中，很大部分一开始都属于新奇的用法，人们群起效仿，才得到了传播。很多临时使用的即用语是名副其实的临时词，往往是过眼烟云，不久就退出了流通，如"虎照门""范跑跑""装嫩族"等。当所指沉寂或消亡时，能指就没有存在的必要了。

然而，即用语用得多了会发展成为固定的词汇。如有的简称和缩略语，因经常需要提到它们的所指，而使用全称不如简称和缩略来得方便，时间长了，简称和缩略语就代替了原来的全称，与所指建立了新的符号关系。这也是一种词化过程。汉语的很多新词就是这样产生的，例如"春晚""交警""高铁""海选""世博""交强险"，它们的使用率往往高于全称。这些词虽然还没有收入词典，但却是人们经常使用、耳熟能详的语汇。

缩略语中的"字"在具体的语境中获得特定的、字典或词典中未列的意义。字典或词典中的"字"义在一个时期内是相对固定的，而实际使用中的"字"义始终是动态的，在即用的语境（context）和共文（co-text）中获得临时的意义。"字"的临时意义大大提高了有限资源的复用率。举几个例子：

"金"——"金牌"

在奥运会期间，我们不断听到或见到"首金""夺金""冲金"的说法，这里的"金"是指"金牌"。《现代汉语词典》（第7版）里"金"的7个释义中没有这一释义。

"铁"——"铁路"："铁老大""高铁"

"股"——"股票"："绩优股""垃圾股"

"替"——"替身"："裸替""饭替""笔替""文替"

"遗"——"世界（非）物质文化遗产"："申遗""非遗"

"碳"——"二氧化碳"："低碳经济"

"博"——"博览会"："世博""申博"

"媒"——"媒体"："传媒""媒治"

简称和缩略是全称的截断，用于简称和缩略的"字"带有截断前全称的意义，如上述"替""遗""博"。没有语境和共文，我们很难知道"非遗"中的"遗"代表"世界物质文化遗产"，"申博"中的"博"代表"博览会"。然而，有的缩略语中的"字"不仅带有全称义，还有很强的理据性。如我们不难理解"夺金""首金"中"金"是"金牌"的意思，因金牌确实是含金的，因此"金"指"金牌"可以说是个转喻。同理，"铁"和"碳"也是转喻。再如"晒客"中的"晒"，它的理据是英文词"share"。"晒"可以说是外来词的音译，它在汉语中的本义是"使……暴露在阳光下"，本来没有"在网上公开"的意思，但我们可以觉察到两者之间微妙的联系："暴露在阳光下"意味着"公开"，意味着大家都能看见，从这个意义上说，这个"晒"字是个隐喻。当然，要知道它的理据必须知道它与"share"的关系。

"字"因即用产生的意义大部分不会保留下来，如上述"原电原充"中的"电"和"充"，"洛看"中的"看"。然而，当即用语发生词化以后，其中的组成分子有可能分离出来，获得指代原先全称的意义。上述由隐喻和转喻引申而来的意义极有可能流传下来，形成新的意义，用作类名。如在词典中，"金"字将来极可能增加"金牌"的释义，"股"字增加"股票"的释义，"替"字增加"替身"的意义，"媒"字增加"媒体"的意义。

据笔者的观察，汉语词典在收录新词方面往往滞后，在收录字的新义方面则更为保守。如《现代汉语词典》（第7版）收录了词条"企业"，但未收入"国企""民企""私企"。在"企"字的主目下仍然只是给出了"抬起脚后跟站着"和由此引申的"盼望"义，而未增加"企"字作为"企业"的意义。同样，该词典收录了意为"投保品种"的"险种"一词，但在"险"字的主目下未曾增加"保险"义，尽管"寿险""车险""财险"已频频见诸各种媒体，"险"的"保险"义已跃然纸上。再如，汉字"裸"的本义是"露出、没有遮盖"，但却在下面列出了"裸机"的词条。其实"裸"字新的用法近年来频频出现:"裸退"(吴仪首次使用,意为"不再担任任何虚职的彻底退休")、"裸考"(不携带或配备任何助考工具的考试)、"裸官"(家人移居海外孤身一人在国内任职的官员)。总结起来,"裸"字从原来"没有遮盖"的意义已发展出"不带附属物"的意义。《现代汉语词典》(第5版)"裸"的主目下只列出了本义,而《现代汉语词典》(第7版)则增加了"指除了自身,什么都不附带的"的释义。

"字"的即用意义有可能是"字"义扩展的前奏。虽然这些意义很多来自缩略语,可从语境和共文中获得,但如果这些缩略语使用的范围增大,频率增高,流传持久,它们就有可能"固化"(entrenchment)或"规约化"(conventionalization)(见3.2.1节的解释)为固定的词。由于"字"的离散性,这些词中组成分子的意义有可能得以凸显,逐步获得不同于简称和缩略语使用前的新义,如具有原先全称的意义。

2.2 "字"义的衍生:隐喻或转喻

认知语言学的研究业已表明,隐喻和转喻不仅是修辞手段,也是丰富语言表达常用的工具。笔者认为,隐喻和转喻同样是语言意义衍生扩展的常见方式:人们用熟悉的范畴及其中的概念说明和指代相对不熟悉的范畴和概念,用同一事物整体内的分子指代整体,当这类指代为越来越多的人所使用并接受,能指和所指临时性的关系就固化了下来,发生了所谓的"符号化"(symbolization)和规约化。

原有的语言成分通过隐喻或转喻衍生出新义的例子在各种语言中都有。英语中有关计算机科学领域的许多术语都从原有的词汇经由隐喻或转喻产生,如"memory"表示"内存"。汉语很多"字"的衍生义也由此产生。下面举几个例子:

"电"。"电"在古代是指"闪电",经常和"雷"在一起使用。这个字指称"用现代工业手段生产、能持续供应的能量"实际上是用了隐喻的手段。第一个这样用的人非常了不起,看到了"雷电"和"机器生产的电"的关系,它们在能量的意义上确实是一样的,而且至今表示"电"的危险用的仍然是"闪电"的象形符。"电"在当代汉语中，首先被理解为"机器产生的持续的能量"的意思。这一意义又和所有由这一能量驱动的机器联系在了一起："电机""电灯""电话""电瓶""电报""电视"。由于电在人们的生活中可以说是无处不在、无时不在，与它复合的词越来越多，这些词再缩略后使"电"字获得了更多字典或词典中未列的意义。如曾几何时，电报是人们常用的通信手段，"用电报告知"和"用电报发令"被缩略成了"电告""电令"，"电"于是有了"电报"的意义。再由于电视的普及，"电"有时又可指代"电视"，例如"彩电""广电部"。自从"电子"的概念产生以后，"电"又增添了"电子"的新义，例如"电邮"。

"网"。在足球、羽毛球、乒乓球等运动产生之前，"网"只有渔网的意义。在这些运动产生之后就有了球网的意思。再后来凭借网的形象和功能特征，认知中的隐喻机制使它产生了若干引申义，如"关系网""网罗"。20世纪下半叶出现了计算机网络的新事物，到今天，互联网、局域网大行其道，"网"从类似渔网、网络的意义衍生了"计算机网络"的新意，大量新词由此产生，如"上网""网民""网友""网银""网聊"。今天人们听到或见到"网"字，脑子中跳出的第一个意义恐怕是"计算机网络"的"网"，而不是"渔网"的"网"。

"商"。"商"本来有三个主要的意义："商量""商业"和"除法运算的结果"，另一意义"商人"与"商业"有关，是转喻性的衍生义。"除法运算结果"义当年用来翻译IQ（intelligence quotient），即"智商"。英语的"quotient"是某一属性个体测量值与其总体标准值之比，虽然也是"商"，但意义更具体，属心理测量的专业术语。但"智商"如今常常不用它的专业意义，而是通称人的智力。而且，以"智商"为基础又类推出"情商""法商"等新词。这些新词同样只是普通用语，其中的"商"已获得"某种潜在能力"的意义。这里的"商"与"智商"中的"商"的意义有转喻性的关联，但与最初"除法运算的结果"的意义已相去甚远。当然，如果有人设计出测量情商的工具，则"商"字将返归它当初被用作译名的本义。

"险"。"险"原来指"地势高低不平不易通过的地方"，如"天险""险要"。这样的地方意味着灾祸的发生，"险"于是有了隐喻性的"危险"的意义，继而"危险"成了"险"最常用的意义，例如"冒险""脱险""风险"。后来的"保险"一词，有"规避或防范风险"的意义，其中的"险"仅有"风险"的意义。"保险"原本是动词，后来逐渐成了指代某种商业行为的专用名词，意思是"支付一定金额以防范风险的保障"。再到后来，"险"字单用就有"保险"的意义了，如上面提及的"寿险""财险""交强险"。

"炒"。"炒"字的本义是"在架在炉火或灶火上的锅中反复翻动（以烹熟食物）"。它的"反复"义后被提取出来用于"炒卖""炒股""炒汇"等词汇，所描述的行为都具有反复变动或易手的意思，是"炒"字原义的隐喻义。

以上例子表明，"字"在隐喻和转喻的基础上产生新义，同时也在与别的"字"组合形成的新词中获取新义，并在固化和规约化后成为新的语素，可析出后单独使用。

2.3 "字"义的扩展：引进

2.3.1 源自方言的意义

汉语以方言多著称，方言中的许多语汇只在口语中使用，并无书写形式。有必要写下来时，写者会用他认为意义最接近的汉字转写，但在很多时候，使用的汉字与该词的意义并无太大联系，仅仅是起了"记音"的作用而已。当该方言词在全国范围内流通后，由某人首创的书写形式有可能规约化，从而进入普通话。已在普通话中广泛流行的"囫囵""尴尬"当初就来自江浙方言。当前流行的"忽悠"来自东北方言，极有可能在不久的将来被词典收录，正式成为普通话词汇的一员。

然而，来自方言的"记音"汉字，事实上扩展了它们原有的意义，成为新的语素。例如：

"宰"——"迫使或骗得顾客以不合理的高价付款"："宰客""挨宰"。

这一意义来自北京话，在这里不同于"屠杀牲口"的"宰"，是一新的语素。

"侃"——"闲聊"："侃大山""侃起来没完"。

这一意义同样来自北京话，看上去似乎与"侃侃而谈"有关，其实不然，"侃侃而谈"中的"侃侃"是"理直气壮、从容不迫"的意思。"侃"作为"闲聊"是一新的语素。

"托"——"帮着欺骗别人的人"。

"腕"——"(演艺界)有实力、有名气的人"。

"托"和"腕"这里的意义也来自北京话,在普通话中都带儿化音。"托"的意义还能勉强找个理据,如"受人之托帮着欺骗别人",而"腕"的意义似乎与"手腕"的本义没有关联。

"炒"——"解雇"。

"炒"原本没有"解雇"的意思,这一意义来自粤语短语"炒鱿鱼"。当这一短语在普通话中流行以后,"炒"附带着"解雇"的意义逐渐析出,现多用于被动结构"被炒了"。

2.3.2 源自外语的意义

"字"义的另一扩展途径是引进外来语。当人们借用汉字引进外来语时,实际上是为拓展"字"义创造了条件。"字"通过引进外来语获得舶来的意义,近年来并不少见。

从外语引入意义,分两种情况。一种方式是直接套用,其次是通过翻译。

直接套用与一般意义上的意译不同。直接套用是指外语和本语中原本就有相应的语素或词,只是本语中缺乏对等词中的某个意义,于是直接将该意义从外语中移植过来。如"门"和"黄"。

"门"——"公众关注的丑闻"。

"门"的这一意义是个舶来品,来自英语的"-gate",表示政府、政客、公众人物"名扬天下"的丑闻。"-gate"源自尼克松的"水门事件"(Watergate)。本是建筑名和地名一部分的"-gate"不久被分离出来专门指代此类丑闻,如"Irangate""Camillagate""Wheatgate""Hookergate"等。这一用法后来被我们仿效,近年来频频见诸报端,因为每年全国范围内都会暴露出几桩广为流传、公众关注的丑闻,如"虎照门""监控门""骷髅门""解说门"等。

"门"和"gate"原先都没有上述意义,后缀"-gate"先获得此义,"门"直接套用,也扩展了自己的意义。这一意义无疑将固化下来,永久流传。"门"十分妥帖地对应于"-gate"还在于它也可用作能产性极高的后缀。因此,这两个语言形式在语义和语法上都是完美的契合。

"黄"——"淫秽、色情"。

汉语中的"黄"本来没有这一意义，它来自英语，也是舶来品。[54]这一意义现已在汉语中广泛流行，进入各种语汇："扫黄""黄段子""黄赌毒"。我们甚至已忘了这一意义来自海外。

再看通过翻译外来语引入的意义。

翻译外来语的目的是引入异域新奇、新鲜的事物和概念。外来语的翻译一般认为分意译、音译（"摩托""幽默""巧克力""休克""谷歌""推特"）和音意兼译。学界的共识是，讲汉语的人喜欢意译，而不大喜欢音译。历史上从"德律风"到"电话"，从"德谟克里西"到"民主"，从"大哥大"到"手机"，都是由音译改为意译后被普遍接受的例子。

意译和音译以外，更受我们追捧的是音意兼译，例如"迷你"（mini-）、"可口可乐"（Coca Cola）、"黑客"（hacker）等。更新近的例子是"晒客"中的"晒"（share）。以上可以说是完全，乃至完美的音意兼译：既从整体上转写了原词的声音，又同时表达了原词的意义，而且组成分子意义明确，整词透明。另有一些半音半意或"音译+本土义"的翻译。前者如"乌托邦"（utopia），"邦"字音意兼译，而前半部分是音译；后者如"拖拉机"（tractor），"拖拉"是音意兼译，"机"是具有本土义的类名，译名"拖拉机"同时契合了汉语"区别词+类名"的常用构词方式。"酒吧"也是这类复合词，但"酒"在这里是区别词，其形式和意义取自汉语本身，而"吧"这一类名是"bar"的音译，是舶来品。"酒吧"的翻译是外来语"入乡随俗"的范例。"吧"本来就是"喝酒消遣的小去处"，已蕴涵"酒"的意义，加上"酒"这一冗余成分是迫于汉语构词双音化的压力（刘玉梅，2010）。

以汉语为母语的人，历来喜欢外来语的本土化。无论是意译还是音译，汉语分析性的特征以及"字"的离散性使我们倾向于把外来词看作是透明的，即

---

54 见郭良夫主编，北京商务印书馆2000年出版的《应用汉语词典》第541页。

其组成分子是有意义的，而整体意义基本上是组成分子意义的叠加。这与我们喜欢意译的倾向是一致的，都是汉语的独特性使然。在这样的基础上，只要有需要，我们就可以把这些组成分子，纵然原本是音译的无意义的"字"也被提取出来，使之语素化，以构成新词。下面举几个例子。

"吧"——"供娱乐消遣的小型场馆"。

"吧"是汉语新增的语素或词，与语气词"吧"除了语音上部分相似外没有联系。如上所述，"吧"原是"bar"一词的音译。取尽可能不会产生干扰意义的字来译音是汉语中翻译的常用方式，原本用作语气词的"吧"只取其音，又受到汉语构词双音化和"区别词+类名"构词方式的影响，在前面加了"酒"以凸显这一场所的功能。然而"酒吧"形成以后，仍然是由于"区别词+类名"构词方式的影响，"吧"逐渐脱颖而出，用来表征一类别具风格（如有异国情调）、规模不大、可供各种娱乐消遣的场所。这实际上是填补了汉语词汇方面的一个空白。汉语原本有"店""馆""场"等词可用，但都没有"吧"所具有的"开间小、装修考究、光线朦胧、温馨舒适"的蕴涵义，而且敌不过"吧"字带有的异国情调，于是"酒吧""网吧""书吧"纷纷出笼，"泡吧"成了一种现象。

"客"——"网上访客"。

"客"来源于"黑客"（hacker）的后半部分，如今"闪客""播客"等各种"客"大行其道，由"客"组成的名词已达数十个。"客"变成了在互联网上从事某项活动的常客的意义，部分继承了汉语原有的"客"字里"过路人、来访者"的意义。需要注意的是，"客"作为"网上访客"的意义原先是没有的，而现已广泛使用。

原本用于音译外来词的"字"，本来是没有意义的，由于译名所指称的事物的广为流行，并为大众所认识和接受，译名中的"字"就逐渐成了规约化的符号，变成了有意义的语素，原本同形的"字"就增添了一个新的意义。这一过程叫作音译字的"字化"（徐通锵，2004；陈保亚，1999），本文称为语素化。

汉语史上音译字语素化的例子如"卡"（"饭卡""工卡""银行卡"）和"胎"（"车胎""轮胎""内胎"）。这些意义人们如此熟悉，它们最初译自英

语 "card" 和 "tire" 的历史已被人淡忘。近年来语素化的例子如 "的士" 中的 "的" "秀"（show）、"酷"（cool）、"拷"（copy）等。"的士" 原是音译词，由于作为交通工具使用频繁，各种围绕它的用语也常在人们的嘴边，如 "打的" "的哥" "摩的"，以至今天的 "的" 已获得 "出租的交通工具" 的意义（朱一凡，2007）。"秀" 的新义是 "表演" 和 "展示"，如 "走秀" "跳楼秀" "服装秀" "红楼选秀"，还可用作动词，如 "秀出恩爱来"。

3. "字" 义衍生的动因和机制

以上讨论表明，通过即用产生的临时意义，以及由缩略语、隐喻转喻和语内语外引进产生的 "字" 的衍生义，增强了汉语的语义编码能力，使有限的语音和文字资源得到了无限的利用。

显然，"字" 义的丰富和发展有外部的动因，并有赖于人的认知机制和汉语内在机制的作用。

3.1 动因

社会发展产生了意义编码的新需求，这是新词新义增长的原动力。近30多年来，社会、文化、生活各个领域的新生事物不断涌现，传播媒介空前发展和繁荣，汉语新词呈现高速增长的态势，同时带动了 "字" 义的衍生和扩展。

因需要编码的更多的是新兴的概念和事物，所以新词的增加历来以名词为主，这从教育部和国家语言文字工作委员会近几年公布的新词就可以看出[55]。例如近10多年来互联网的蓬勃发展滋生了许多新兴的概念和事物，许多新词与网络有关，以 "网" 开始的词数量众多："网民" "网瘾" "网虫" "网银" "网购" "网址" "网考"。

以 "客" 为后缀，描述从事某种网络活动的人的词不断产生："__客（拼、黑、闪、博、晒、换、掘、威、印）。"

---

55 教育部和国家语言文字工作委员会从2006年起到2009年，连续4年发布了2005到2008年度的《中国语言生活状况报告》，其中后3年共公布了171+254+359=784个新词。

此外，与新时代、新生活有关的各类"区别词+类名"的词层出不穷：

＿门（电话、虎照、监控、骷髅、解说）

＿奴（房、白、车、节、垄、墓、证）

＿族（蚁、闪婚、急婚、赖校、啃老、飞鱼、合吃、啃椅、乐活、慢活、捧车、陪拼、试药、装嫩）

＿秀（走、跳楼、服装、红楼选）

＿吧（水、氧、书、痛快）

＿霸（车、路、考）

＿股（绩优、垃圾、A、H）

＿卡（迷、拼）

＿手（枪、写/键盘、手机、游戏）

＿替（裸、笔、饭、文）

＿王（地、兵、睇、标）

新词新义大量涌现，势必泥沙俱下，以至有学者惊呼汉语正处于"危机"之中（潘文国，2008）。然而我们不必惊慌。汉语作为一个生态系统，自然具有去粗取精、去伪存真的功能。大浪淘沙，优胜劣汰，能够经受住考验得以流传的词语和"字"义将丰富汉语的表达。

3.2 机制

汉语"字"义衍生有两类机制：一是与人有关的认知机制；二是汉语本身结构提供的机制。

3.2.1 认知机制

与"字"义衍生有关的认知机制包括但不限于：估推（abduction）、固化和规约化。

估推被认为是人类认知和产生新概念的重要基础（Hopper & Traugott，1993；邬菊艳、王文斌，2010）。估推是根据事物之间的已知联系从现状出发进行的推断，如早上起来看到地面潮湿，即根据下雨和地表潮湿或积水的联系推断夜间下雨了。但估推得出的结论不一定是正确的，如地面潮湿有可能是洒水车所为。再如英语构词最基本的方法是派生法，在看到双音节或多音节英语词时，人们很容易拿派生词与之比拟，推断该词由词干和词缀组合而成，而该词可能只是一个单语素词。这种臆断的结果是重新分析（reanalysis），原不可分解的单语素词被截断成词干和词缀，或原词内部成分之间的界限被重新划定。而假想的语素有可能析出，形成新的语素。

重新分析是语言演变（词汇化、语法化等）过程中发生的一种现象，往往始于对原有结构内部界限有意无意的误判和重新划定，继而获得普遍认可和规约化。新词和新的语素往往发轫于民间，具有"俗词源学"（folk etymology）的特征。英语和汉语都有通过重新分析增添新语素的现象。

例如英语通过估推和重新分析截取原有词汇（包括外来语）的一部分，从而产生新的语素形式，以编码新的意义。英语"hamburger"一词原来是"hamburg steak"的意思，指的是一种牛肉肉饼，原产地是德国的汉堡，后转指夹有这种肉饼的圆形面包。再后来随着面包所夹内容的不同，出现了"turkeyburger"（火鸡包）、"cheeseburger"（奶酪包）等，"-burger"这一后缀被分离出来，专指同类食品（严辰松，2000）。英语中原本没有"-burger"这个后缀，它的析出应运而生，是一种创新。其他例子还有从"literati"和"craftsmanship"中分别析取"-rati"和"-manship"，构成如"glitterati""gamesmanship"之类的新词（邬菊艳、王文斌，2010）。

与英语类似，汉语的"的士"来自英语的"taxi"，是一种音译，最初在粤语区使用，继而在全国流行，在此基础上被重新分析而产生了"的"作为"出租的交通工具"的新语素，用于"面的""摩的""打的"等用法。此外，"bus"的译名"巴士"已析出"巴"的语素，组成"大巴""中巴"等新词；"model"的译名"模特"已析出"模"的语素，组成"脚模""车模""名模"等新词。

固化也称自主化。认知语言学认为，无论一个语言结构多么复杂，无论抽象还是具体，只要形式及其与意义之间的联系反复出现，都可以作为一个整体在心智中得到表征。这就是该语言结构的固化，此时形式与意义，即能指与所指形成符号化的关系，并在语言知识库中得以存储。众多的语言使用者

固化某个结构，以至于上述符号化关系成为共识，则该结构就得到了规约化。（Langacker，2008）

无论是即用、隐喻转喻还是引进，新的用法有的直接产生新的"字"义，即形成新的语素，有的是通过"词化→析出→语素化"的路径产生新义。词化和语素化都是在大范围、高频率、长时间使用后发生的，都经历了固化和规约化的过程。新的结构及意义不应仅在专业或特殊的范围内短期使用，而是应在一般的、普通的范围内流行。所谓流行就还意味着高频率的使用。同时，这种使用还需持续相当长的时间。

语词的生命力取决于它所表述的事物和概念的生命力。一时流行的事物和概念，它的能指在短期内可能流行，但随着该事物的沉寂和消亡，它的所指即语词可能也会相应地沉寂和消亡。历史上，包括改革开放以来乃至近几年来所产生的很多所谓新词都是过眼烟云。教育部和国家语言文字工作委员会前几年公布的不少新词现在都已退出流通。能够最终被接纳进入汉语词典的词只占很小一部分。

3.2.2 汉语固有的机制

认知机制以外，汉语构造的独特性为汉语新词新义的衍生提供了最重要的机制。汉语能够以已有的数量有限的语音和书面形式满足不断增长的新概念、新事物编码的需要，以不变应万变，与汉语的自组织系统，即语言内部构造提供的便利密切相关。

基本单位"字"的离散性、复合构词的双音化倾向、固有的构词形式（如"区分词+类别词"）等，对"字"义的衍生都起着十分重要的作用。简称、缩略等即用手段有赖于"字"的离散性，而涉及估推和重新分析的析出受到汉语"字"的离散性、固有构词方式和双音化倾向的影响和推动（严辰松，2009）。

"字"的离散性即其高度的独立性和重组自由度。固有的构词方式从认知语言学的角度讲叫作构式，是抽象的图式。这些构式会压制新生的结构，逼使它们落入原有的窠臼，并使原本没有意义的组成分子取得意义（Michaelis，2004）。例如，汉语构成偏正名词复合词有一种"区别词+类名"的方式，这就是一种构式。这一"'区别词+类名'构式"或会压制新生的结构，使其中原本不具备"区别词"和"类名"意义的组成分子取得意义。同样，汉语双音化构词方式也是一种构式，假如我们要用"区别词+类名"的方式构造某个复合词，那么最有可能被选中的形式就是一个单音节的区别词加上一个单音节的类名，如此形成双音化的结构。

例如，作为整体引进的词本来是不透明的，如"的士"（taxi）、"模特"（model）、"巴士"（bus）、"咖啡"（coffee）等。然而"字"的离散性往往顽强地表现出来，又由于估推、类比的认知机制，上述不透明的词会经历重新分析而被当作透明的词汇，使其中的组成分子"的""模""巴""咖"得到凸显，得以分离或析出。又因为受到"区别词+类名"构词方式的影响，这些"字"被分别用于"面的""摩的""车模""脚模""中巴""大巴""奶咖""冰咖"等新词中。这样的使用，久而久之，就会使得原本是用于音译的"的""模""巴""咖"等语素化，加入到有意义的"字"的行列。除了"咖"以外，"的""模""巴"都在原有的意义上新增了一个意义。"字"义的衍生就此完成。

4. 结语

总结本文，汉语"字"义的活用和衍生过程可用图12表示如下：

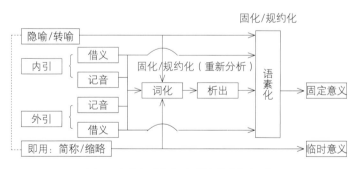

图12.汉语"字"义的活用和衍生

"字"的即用，包括简称和缩略，为汉语语义编码提供了临时的意义。此外，即用的简称和缩略、隐喻和转喻以及语内、语外的引进，为"字"义衍生提供了潜在的可能性。新的语素，即新的"字"义可直接从语内、语外借入。缩略、隐转喻和引进的结构通过大范围、高频率和长时间使用，可逐步固化和规约化为新词。而这些新词，因受到"字"的离散性、双音化构词倾向和固有构词方式等汉语结构特征的影响，再加上估推和类比等认知机制的作用，有可能经历重新分析，其中的组成分子有可能析出，并逐步固化和规约化为新的语素。原有"字"的意义得到扩展，复用率和指称能力得到提高，语义编码潜能大大增强，这就是汉语能够以有限的语音和文字资源进行无限的语义编码的奥秘。

参考文献

- 陈保亚. 20世纪中国语言学方法论 [M]. 济南：山东教育出版社，1999.
- 刘玉梅. "吧"族词形成的认知机制研究 [J]. 解放军外国语学院学报，2010 (1)：11–15.
- 潘文国. 危机下的中文 [M]. 沈阳：辽宁人民出版社，2008.
- 邬菊艳，王文斌. 论估推和类比在英语构词析取中的作用 [J]. 解放军外国语学院学报，2010 (1)：16-20.
- 徐通锵. 汉语结构的基本原理：字本位和语言研究 [M]. 青岛：中国海洋大学出版社，2004.
- 严辰松. 语言理据探究 [J]. 解放军外国语学院学报，2000 (6)：1-6.
- 赵元任. 汉语口语语法 [M]. 吕叔湘，译. 北京：商务印书馆，1979.
- 中国社会科学院语言研究所词典编辑室. 现代汉语词典（第7版）[M]. 北京：商务印书馆，2018.
- 朱一凡. 音译字字化的机制和动因 [J]. 解放军外国语学院学报，2007 (3)：6-10.
- HOPPER P G, TRAUGOTT E C. Grammaticalization [M]. Cambridge: Cambridge University Press, 1993.
- LANGACKER R. Cognitive grammar: a basic introduction [M]. Oxford: Oxford University Press, 2008.
- MICHAELIS L A. Type shift in construction grammar [J]. Cognitive linguistics, 2004 (15): 1-67.

图书在版编目（ＣＩＰ）数据

语苑研思：严辰松学术论文自选集 / 严辰松著. --
北京：高等教育出版社，2021.10（2022.8重印）
（英华学者文库 / 罗选民主编）
ISBN 978-7-04-053775-8

Ⅰ.①语… Ⅱ.①严… Ⅲ.①认知语言学－文集
Ⅳ.①H0-06

中国版本图书馆CIP数据核字 (2020) 第038797号

YUYUAN YANSI
—YAN CHENSONG XUESHU LUNWEN ZIXUANJI

策划编辑	出版发行	高等教育出版社
肖　琼	社　　址	北京市西城区德外大街4号
秦彬彬	邮政编码	100120
	购书热线	010-58581118
责任编辑	咨询电话	400-810-0598
秦彬彬	网　　址	http://www.hep.edu.cn
		http://www.hep.com.cn
封面设计	网上订购	http://www.hepmall.com.cn
王凌波		http://www.hepmall.com
		http://www.hepmall.cn
版式设计		
王凌波	印　　刷	河北信瑞彩印刷有限公司
	开　　本	787mm×1092mm　1/16
插图绘制	印　　张	15.25
邓　超	字　　数	222千字
	版　　次	2021年10月第1版
责任校对	印　　次	2022年8月第2次印刷
艾　斌	定　　价	83.00元

责任印制　　　本书如有缺页、倒页、脱页等质量问题，
耿　轩　　　　请到所购图书销售部门联系调换

版权所有　侵权必究
物 料 号　53775-00